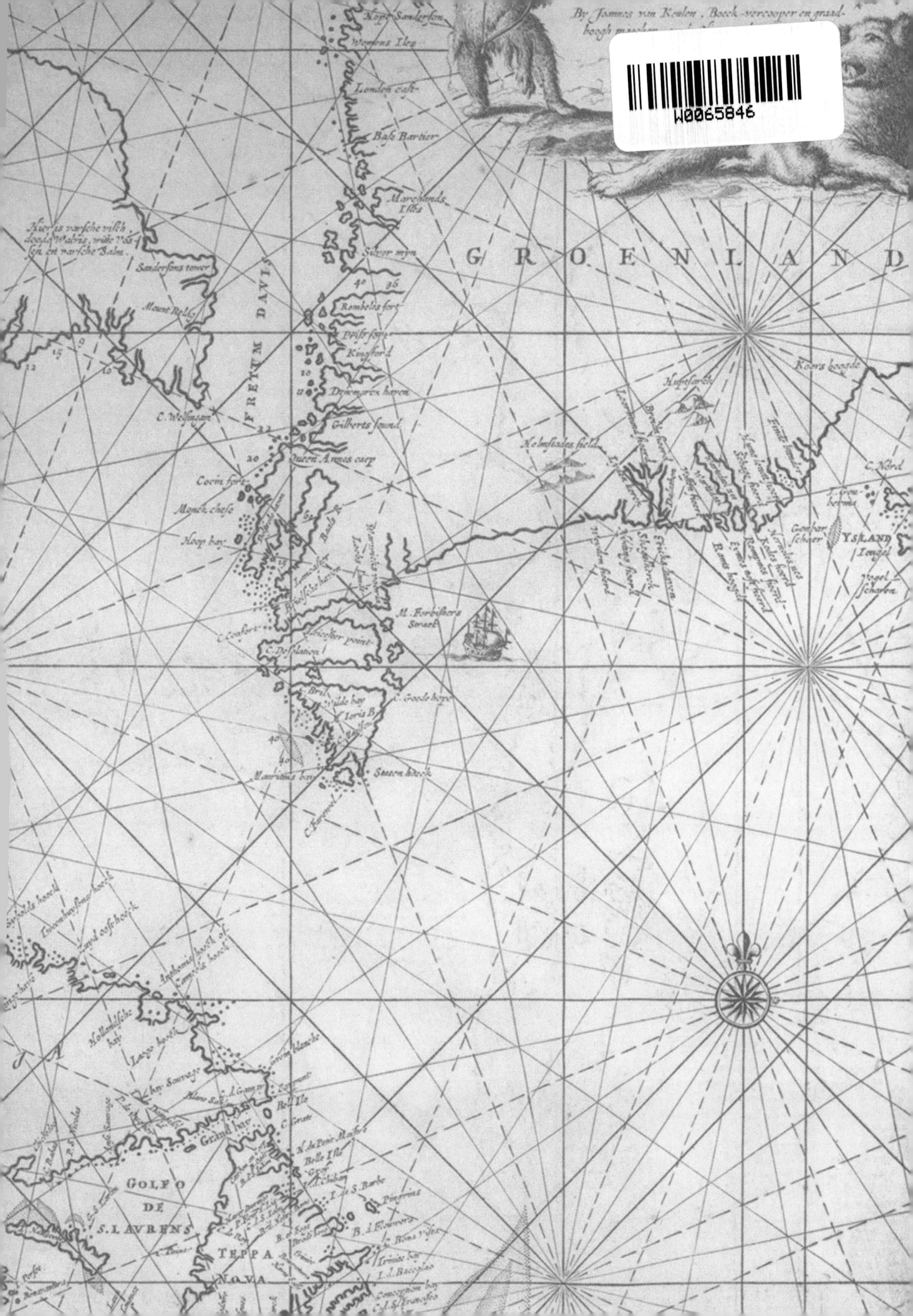

ALBERTO MANGUEL

Sehnsucht
UTOPIE

EINE REISE DURCH FÜNF JAHRHUNDERTE

Aus dem Französischen
von Amelie Thoma

FOLIO VERLAG

Alberto Manguel dankt Ramón de Elía,

der als Aufklärer in diese wunderbaren Länder aufgebrochen ist.

Alberto Manguel, geb. 1948 in Buenos Aires. Schriftsteller, Literaturdozent, Übersetzer und
Redakteur. Mehrere Jahre Vorleser beim erblindeten Jorge Luis Borges.
Während der Militärdiktatur verlässt er Argentinien und lebt in Kanada, Frankreich,
New York und Buenos Aires. Seit 2015 Direktor der argentinischen Nationalbibliothek.
Sein Buch *Eine Geschichte des Lesens* wurde in zahlreiche Sprachen übersetzt und
1998 mit dem Prix Medicis ausgezeichnet.

VORBEMERKUNG DES HERAUSGEBERS

Im März 2016 besuchte ich die Ausstellung „Yoko Ono, Lumière de l'aube" (Licht der
Morgendämmerung) in Lyon. Während ich das Werk dieser Ausnahmekünstlerin
entdeckte, sprach mich ein eher unauffälliges Exponat besonders an: die Gründungs-
erklärung des Konzept-Landes Nutopia, das Ono mit ihrem Partner John Lennon entworfen
hatte. Dabei fiel mir wieder ein, dass das 500-jährige Jubiläum der ersten Ausgabe von
Thomas Morus' *Utopia* kurz bevorstand, eines Textes, auf den die beiden Künstler mit der
Wahl des Namens Nutopia explizit Bezug nahmen.

Also begann ich, über ein Projekt nachzudenken, in dem es um die Kontinuität des
Utopiegedankens vom 16. bis ins 20. Jahrhundert gehen würde. Es folgte eine Mail an
Alberto Manguel und die Überraschung einer prompten und begeisterten Antwort.
Gemeinsam stellten wir eine Liste von 20 bedeutenden Werken oder Texten der
utopischen Literatur zusammen, die er kommentieren würde. Wir hatten unser Buch,
und ich sollte bald das ungeheure Glück erfahren, in der wunderbaren Jesuitenbibliothek von
Valenciennes die Seiten einer Originalausgabe von *Utopia* aus dem Jahr 1516 umzublättern:
Kontinuität der Ideen, Strahlkraft gewisser Bücher, die uns in diesen unruhigen Zeiten in
den grundlegenden europäischen Idealen, den Gedanken des Humanismus, bestärken.

Dominique Tourte

INHALT

Für Amelia und Olivia,
für eine ziemlich bessere Welt.

„Sie ist auf keiner Karte verzeichnet.
Die wahren Orte sind das nie."

HERMAN MELVILLE, *Moby Dick*

Als Dante, geführt von Virgil, nach so manchem Entsetzen und Erstaunen und mühevoller moralischer Unterweisung den Garten Eden auf dem Gipfel des Läuterungsberges erreicht, unterrichtet ihn eine schöne Dame: „Den alten Dichtern, glaub' ich, wenn von ihnen gepriesen ward das Glück der goldnen Zeit, war dieser Ort im Traumgesicht erschienen. Hier spross die Menschheit ohne Schuld und Leid, hier jede Frucht in ew'gen Frühlingsleben, hier schmeckst du noch des Nektars Lieblichkeit." Wie Dante wusste, haben wir uns immer, überall und zu jeder Zeit ausgemalt, dass ein besserer Ort existiert. Oder existieren kann. Es ist möglich, etwas zu ersehnen, was es noch nicht gibt, da wir die Welt durch unsere Vorstellungskraft erfahren. Jede Entdeckungsreise, jede Kolonisation, jede Auswanderungswelle setzt den stillschweigenden Glauben an ein zukünftiges oder vergangenes gelobtes Land voraus.

Im Jahr 1516 nahm der spanische Seefahrer Juan Díaz de Solís, ein eifriger Leser höfischer Romane, in denen kühne Ritter zur Belohnung dafür, dass sie Prinzessinnen befreit und Drachen bezwungen hatten, sagenhafte Königreiche und ungekannte Schätze entdeckten, Kurs auf den Rio de la Plata, ging mit einer Handvoll Männern im Schlamm seines Ufers an Land und wurde sogleich von Charrúa-Indianern getötet und verspeist. Einige der Überlebenden setzten die Reise entlang der brasilianischen Küste fort bis zu einem Ort, den sie Santa Caterina nannten und an dem ein Stamm von Tupi-Guaraní ihnen von einem geheimnisvollen Weißen König erzählte, dem Herrscher des Silberberges. Dieser ganz aus Silber bestehende Berg erhob sich ihnen zufolge tief im Dschungel, irgendwo im Landesinneren, ein paar Tagesreisen entfernt. Der König stand im Ruf, ein großzügiger und friedliebender Souverän zu sein, welcher Reisende gerne an seinem Schatz teilhaben ließ. Daher beschloss Alejo García, einer der spanischen Überlebenden, eine Expedition auszurüsten, um sich auf die Suche nach dem sagenhaften Königreich zu machen. Es gelang ihm, den wilden, grünen Kontinent zu durchqueren und die Gipfel Perus zu erklimmen. Auf dem Rückweg wurde er von Pfeilen Einheimischer getötet, doch seine Männer brachten ein paar vermutlich aus der Gegend von Potosí stammende Brocken Silbererz nach Santa Caterina zurück, als Beweis für die Wahrhaftigkeit der Geschichte. Das war der Startschuss für die Eroberung der Neuen Welt, angetrieben vom Glauben an die Existenz eines geheimnisvollen Landes voll märchenhafter Reichtümer inmitten dieses Kontinents, die nur darauf warteten, ergriffen zu werden. Ob irdisches Paradies oder Eldorado, die Vorstellung von einem besseren, glücklicheren, reicheren Ort ist tief in uns verwurzelt. Ob wir die Möglichkeit haben, ihn tatsächlich zu erreichen, zählt dabei weniger als unsere Überzeugung, dass es ihn gibt.

Unsere Literaturen bieten Beschreibungen solcher Orte der Glückseligkeit im Überfluss. Egal, ob diese idealen Staaten, wie Platons Atlantis, in einer fernen Vergangenheit angesiedelt sind oder, wie Thomas Morus' Utopia, in einem entlegenen, auf keiner Karte verzeichneten Teil der Welt, sie fungieren als Vorbilder dafür, wie unsere Gesellschaften sein könnten oder sollten. Als Platon Sokrates in *Der Staat* sämtliche politischen Systeme seiner Zeit Revue passieren lässt und sie durchweg (die Demokratie eingeschlossen) für mangelhaft befindet, legt er den Grundstein für unser fortwährendes Bestreben, herauszufinden, ob wir als Spezies in der Lage sind, eine Gesellschaft zu entwerfen, in der wir alle, wenn nicht vollständig, so doch in angemessenem Maße glücklich sind und ein Minimum an Gerechtigkeit walten lassen. Im Laufe der langen Menschheitsgeschichte ist es uns nicht gelungen, diese Frage zu beantworten.

Platons Atlantis eröffnet eine fantastische imaginäre Geografie, die seitdem stetig erweitert wurde und uns einige der berühmtesten, wenn auch inexistenten Länder der Welt beschert hat: Liliput, Oz, Shangri-La oder die geheimnisvolle Gegend, in der sich die Zauberschule Hogwarts befindet. Vielleicht weil die Welt, in der wir leben, uns manchmal zu geschäftig erscheint für die Entfaltung unserer Fantasie, haben wir nie aufgehört, andere Orte zu erschaffen, die, einmal abgesehen von der banalen Tatsache, dass sie keinen realen Raum einnehmen, als glanzvolle Schauplätze unserer Albträume wie unserer höchsten Bestrebungen dienen.

Für Platon war die Erfindung einer Insel, auf der er einen imaginären Staat entwerfen konnte, eine Möglichkeit, seiner eigenen Gesellschaft den Spiegel ihrer Verdienste und Fehler vorzuhalten. Aus demselben Grund erzählen wir uns seit den ersten Lagerfeuern Geschichten und malen uns Orte aus, in denen diese Geschichten verwurzelt sind. Anders als die Politiker wissen Geschichtenerzähler, dass man die Realität nicht von der Realität trennen kann: Es steht einem lediglich frei, die Welt neu zu erfinden, um sie besser sehen und besser verstehen zu können.

ALBERTO MANGUEL
Buenos Aires, 1. Oktober 2016

Karte von Atlantis, nach Platon und Diodor, Paris, 1775. Illustration der *Utopia*-Ausgabe von 1516. Thomas Morus überträgt hier ein Gedicht seines Freundes, des Humanisten Petrus Aegidius, in die eigens von ihm erdachte utopische Sprache: „Herzog Utopos machte mich aus einer Nichtinsel zur Insel. Ich allein von allen Ländern der Erde habe den Sterblichen, obgleich ohne Philosophie, den philosophischen Staat dargestellt. Gerne lass ich anderen zugutekommen, was mein ist, willig nehme ich von ihnen Besseres entgegen." Hier zeigt sich die für den Beginn des 16. Jahrhunderts typische Lust an Sprachspielereien.

FRANCE

Océan

Monts Pyrénées

Ebre Fl.

ESPAGNE

Barcelone

Tarragone

ARCHONTAT
Grande
D'EUDAIMON

ARCHONTAT D'ÉLASIPPOS

I. Majorque

Valence

Minorque

Débris de l'Atlantide

I. d'Ivice

ARCHONTA
D'AUTOCHTO

Fleuve de Neptune

Carthagene

MER

Port de l'Atlantide

CARTE
DE L'ATLANTIDE,
D'APRÈS
PLATON ET DIODORE.

MÉD

ALGER

PART

Gênes

ITALIE

TYRHENIE
ou
ÉTRURIE

M.e Apennin

ARCHONTAT

Chaîne   du   Nord
Mine
d'Aurichalque

D'AMPHÈRES

ARCHO   NTAT

DE

CORSE

MESTOR

Y AUME

Forêt de
Leucippe

agne
nor

Ville   Capitale

ARCH.t DE

MNESEUS

e Enchantée

ATLAS

Canal

40

ARCH.t

SARDAIGNE

D'AZAËS

ARCHONTAT   DE

des   Rois

DIAPRÈPES

ARCHONTAT D'EUMÉLOS

Port

Galita

Chirbi

Golfe de
Tunis

ITERRANÉE

Tunis

E D'AFRIQUE

VTOPIENSIVM ALPHABETVM.

a b c d e f g h i k l m n o p q r s t v x y.

Tetrastichon vernacula Vtopiensium lingua.

Vtopos   ha   Boccas   peu   la

chama   polta   chamaan

Bargol   he   maglomi   baccan

soma   gymno   sophaon

Agrama   gymnosophon   labarembacha

bodamilomin

Voluala   barchin   heman   la

lauoluola   dramme   pagloni.

Horum versuum ad verbum hæc est sententia.

Vtopus me dux ex non insula fecit insulam

Vna ego terrarum omnium absq; philosophia

Ciuitatem philosophicam expressi mortalibus

Libêter impartio mea, nõ grauatim accipio meliora.

XVI

VTOPIAE INSVLAE FIGVRA

UTOPIA

Löwen, Dezember 1516

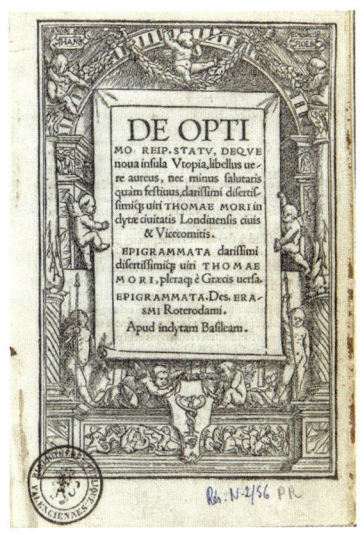

Als Sohn einer bürgerlichen Familie in London geboren, steigt Thomas Morus nach und nach in die höchsten Ämter des Königreiches auf, wird Lordkanzler sowie Berater Heinrichs VIII. Sein Werk *Utopia* besteht aus zwei Teilen nebst einer kurzen Vorrede des Autors. Das „Zweite Buch", das 1515 erscheint und die Verhältnisse auf der Insel Utopia schildert, bildet ein Pendant zu Erasmus von Rotterdams *Lob der Torheit*. Auf die Empfehlung ebendieses Freundes hin fügt Morus 1516 das „Erste Buch" hinzu, in dem er eine dystopische Gesellschaft beschreibt, die an das England Heinrichs VII., des Vaters und Vorgängers Heinrichs VIII., erinnert. Unverrückbar in seinem christlichen Glauben, weigert Morus sich, Letzteren nach dessen Abkehr von der päpstlichen Autorität als Oberhaupt der anglikanischen Kirchen anzuerkennen, was ihm die Hinrichtung auf dem Schafott einbringt.

Alle Utopien beginnen hier, bei diesem Namen, der ihre Eigenart als Nicht-Ort, *u-topos*, bestimmt. Vom Meer aus gesehen, hat die Utopie die Perfektion eines Kreises und chronologisch nimmt sie ihren Anfang mitten in unserer gewohnten Zeitrechnung, zu Beginn des 16. Jahrhunderts, irgendwo zwischen der idealen Gesellschaft Platons und unseren Visionen von der Besiedlung des Mars.

Parlamentsmitglied, erfolgreicher Anwalt, glühender Verfechter der Folter, da er überzeugt war, dass der Zweck die Mittel rechtfertige, und

Frontispiz. Titelblatt der *Utopia*-Ausgabe von 1516.

> *„(Die Utopier haben) in erster Linie das eine Ziel vor Augen (…), für alle Bürger möglichst viel Zeit frei zu machen von der Knechtschaft des Leibes für die freie Pflege geistiger Bedürfnisse. Denn darin, glauben sie, liege das wahre Glück des Lebens."*

THOMAS MORUS

kanonisierter Heiliger der römisch-katholischen Kirche, erfand Thomas Morus während einer Reise nach Flandern den imaginären Ort par excellence.

In elegantem Latein berichtet Morus von einer Gesellschaft, in der eine Art libertärer Kommunismus herrscht, ohne religiöse Zwänge oder Privateigentum und mit freier Bildung für alle, Männer wie Frauen. Dennoch ist die Gesellschaft von Utopia nicht egalitär. Die Frauen unterstehen der Autorität ihrer Männer, die Kinder der ihrer Eltern, die Jungen der der Älteren, und die Sklaverei ist nicht abgeschafft: Sklaven verrichten dort „alle schmutzigen und mühsamen Dienstleistungen".

Von diesen Ausnahmen abgesehen, regiert in Utopia die Vernunft: Die Einteilung der sozialen Klassen folgt ausdrücklich einer streng bürokratischen Logik, und die Bürger werden nicht nach Macht oder Reichtum unterschieden, sondern nach ihren moralischen Qualitäten. Das gesamte Konzept Utopias basiert auf dem Glauben an die Kraft der Vernunft. Sie allein, und nicht die Gier nach Macht oder Reichtum, ist in der Lage, einen Ort zu errichten, an dem die Menschen glücklich leben. Folglich genießt die Rhetorik hohes Ansehen, und da die Utopier „die

Verstandestätigkeit und die süße Empfindung, die der Betrachtung der Wahrheit entspringt", zu den größten Vergnügungen der Seele rechnen, widmen Männer und Frauen ihre freie Zeit der Lektüre.

Morus' Vision schlägt im Grunde einen Neuanfang vor und die Abkehr vom überkommenen Konzept des Eigentums, worin sie Proudhon vorwegnimmt. „Wo es noch Privatbesitz gibt", so Morus' Erzähler, „wo alle Menschen alle Werte am Maßstab des Geldes messen, da wird es kaum jemals möglich sein, eine gerechte und glückliche Politik zu treiben."

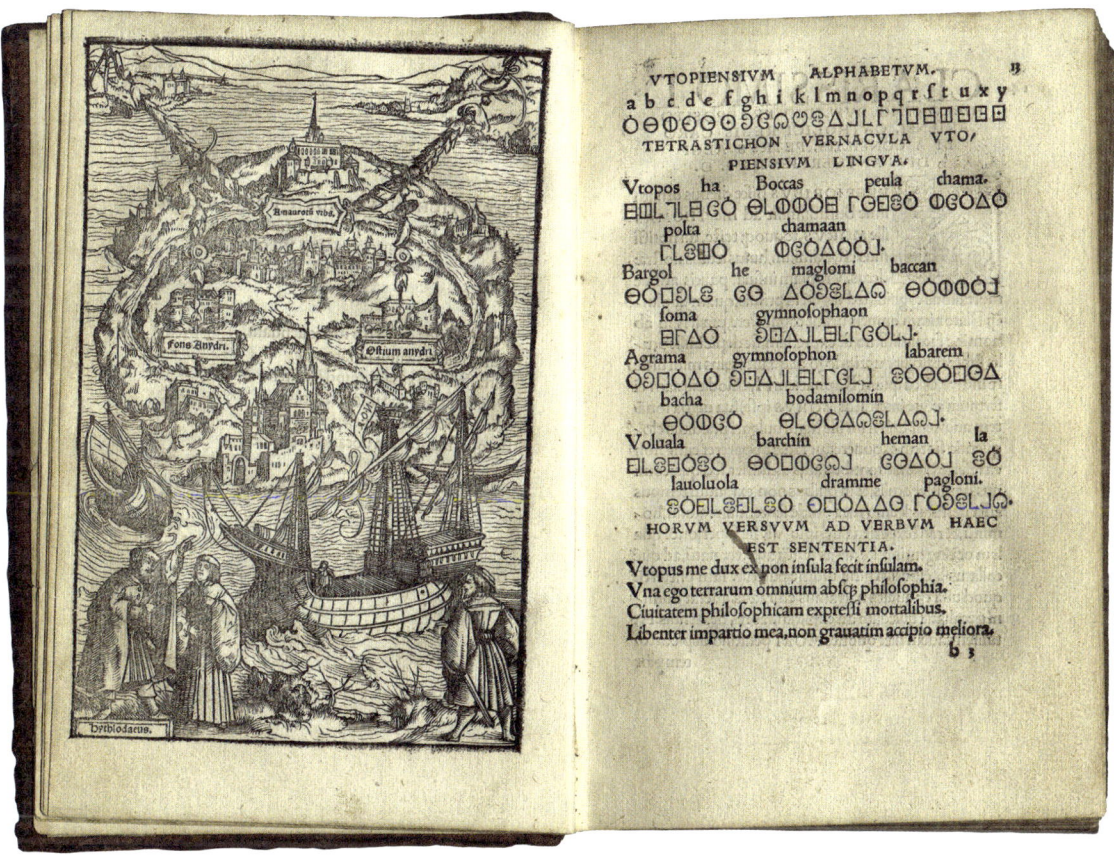

Thomas Morus betrachtete erst diese vierte Auflage von 1518 aus der Druckerei Froben in Basel als endgültige Fassung. Das Frontispiz zeigt einen Holzstich Ambrosius Holbeins, des Bruders von Hans Holbein dem Jüngeren.

arceau large de six toizes. Icelle estoit faicte en
telle symmetrie & capacite, q̃ six hommes dar
mes la lāce sus la cuisse pouoiẽt de frõc ensem
ble mõter iusq̃s au dessus de tout le bastiment.

Depuis la tour Anatole iusques a Mesem
brine estoiẽt belles grãdes galeries toutes pin
ctes des antiques prouesses histoires & descri
ptions de la terre. Au milieu estoit vne pareil
le montee & porte cõme auons dict du couste
de la riuiere. Sus icelle porte estoit escript en
grosses lettres antiques ce que sensuit.

Inscriptiõ mise sus la grãde por
te de Theleme.   Chapitre. LII.

C Y nentrez pas Hypocrites, bigotz,
Vieulx matagotz, marmiteux borsouflez.

GARGANTUA

Lyon, 1534

Rabelais' *Gargantua und Pantagruel* schildert die Abenteuer des Vaters von Pantagruel, dem Helden seines vorigen Romans aus dem Jahr 1532. Das satirische Werk steht im Kontext des Konfliktes zwischen Anhängern der Reformation und der die religiöse Orthodoxie vertretenden Sorbonne, die es aufs Schärfste missbilligt, was seiner Popularität allerdings keinen Abbruch tut. 1542 erscheint eine bereinigte Version der beiden Romane, die jedoch ebenfalls verurteilt und vom Parlament verboten wird. In der Passage um die Abtei Thelema möchte Gargantua seinem Freund, dem Mönch Hans Hackepeter, zum Dank für dessen Hilfe im Krieg gegen Pikrochol eine vollkommen neuartige religiöse Einrichtung schenken und erklärt ihm deren Funktionsweise.

Mehrere mögliche Welten werden in Rabelais' gargantueskem Roman beschrieben, doch sicherlich ist keine so utopisch wie die der Abtei Thelema, eines wahrlich einzigartigen religiösen Gemeinwesens. „Und weil", sagt Gargantua, „nach den bestehenden Ordensregeln alles begrenzt, abgemessen und nach Stunden eingeteilt ist, so dürfte es in dieser Abtei weder Uhr noch Sonnenuhr geben, sondern alles müsste nach Umständen und Bedürfnis getan werden. Denn es gibt keine größere Zeitverschwendung, als die Stunden zu zählen."

Inschrift auf dem Portal der Abtei Thelema. Titelblatt der Ausgabe von 1537.

Der Name der Abtei nimmt Bezug auf den griechischen Begriff *thelema*, welcher im Neuen Testament den göttlichen Willen, den das gesamte Universum lenkenden positiven Impuls, bezeichnet. Folgende Inschrift schmückt das Portal der Abtei:

Heuchlern und Frömmlern – Eintritt verboten!
Scheinheilige Mönche, Enkel der Goten,
Duckmäuser, Gimpel, Gog und Magog,
lumpige Bettler, Säufer am Trog,
Schelme und Schurken, Kutten und Zänker,
Streithammel, Ochsen und muffige Stänker,
ihr Mistgesindel schert euch fort
und sucht euch einen andern Ort!

Thelema ist das Gegenteil einer einfach nur anarchischen Gesellschaft. Regeln werden hier weder vorgeschrieben, noch sind sie inexistent: Sie entstehen aus dem guten Willen und den Vorlieben jedes Einzelnen. Die Bewohner von Thelema stehen auf, wann es ihnen passt, sie essen, trinken, arbeiten und schlafen, wenn sie sich dafür bereit fühlen. Gleich unseren Verwandten im irdischen Paradies leben sie allein um der Freude am Dasein willen und in Harmonie mit ihrer Umwelt, da sie sich gestatten, dem natürlichen Lauf der Dinge zu folgen. Ihre glückliche Neigung spiegelt sich auch in ihrer äußeren Erscheinung wider: Die Bewohner von Thelema sind schön, stark und gesund. Sie sprechen mehrere Sprachen und sind bewandert in Kunst und Wissenschaft. Das Motto der Abtei „Tu, was dir gefällt" vertraut auf den Hang jedes Einzelnen zu Redlichkeit und Anstand. Rabelais stellt sich vor, dass der Mensch, wenn er auch durch die Erbsünde belastet ist, nur durch Unterwerfung und Zwang dem Bösen wieder anheimfällt. In der aristotelischen Tradition neigt der Mensch eher zum Guten, und die Gesellschaft kann sich, wenn sie frei vom Joch erzwungener Arbeit, ermüdender Routinen und Fremdbestimmung ist, allmählich in Richtung Frieden und Gerechtigkeit entwickeln. Das Überleben Thelemas hängt davon ab, ob es ihren Bewohnern gelingt, die *thelema* zu erkennen, das der Welt innewohnende Gute, dessen Teil sie sind.

VASCO DE QUIROGA (1470 – GEGEN 1565)

INFORMACIÓN EN DERECHO

1535

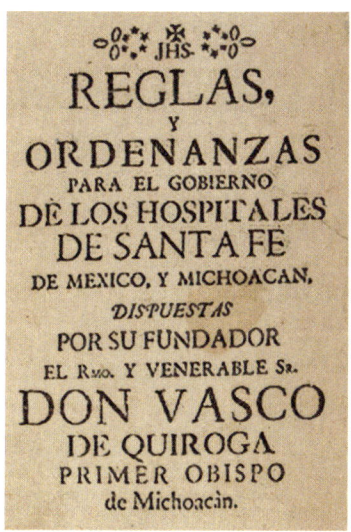

1531 wurde der spanische Bischof und Rechtsgelehrte Vasco de Quiroga als Richter in die zweite Audiencia Neuspaniens, der Kolonie nördlich des Panamakanals, berufen. In *Información en derecho* (Rechtsauskunft) liefert er eine Bestandsaufnahme der durch die Sklaverei in Südamerika aufgeworfenen ethischen und rechtlichen Probleme und empfiehlt eine neue gesellschaftliche Ordnung nach dem

Vorbild von Morus' *Utopia*: Die indigene Bevölkerung soll in Gemeinschaften zusammengefasst werden, damit man sie besser kontrollieren und zum christlichen Glauben bekehren kann.

D ie Gräueltaten im Zuge der Eroberung Südamerikas wurden von intellektuellen Kommentaren begleitet, welche das von der spanischen Krone aufoktroyierte System untermauerten, rechtfertigten oder aber zu verändern suchten. Chronisten wie López de Gómara sahen die Legitimation von Plünderung und Völkermord darin, dass die Eingeborenen, einmal von Polygamie, Götzenverehrung und anderen unchristlichen Sitten befreit, in den Genuss von Alphabetisierung und

Titelseite einer Ausgabe von 1766 der *Reglas y ordenanzas*.

19

„Sodass keine Familie entbehren möge, was eine andere im Überfluss hat."

Vasco de Quiroga

Erziehung kommen würden, die es ihnen erlaubten, „besser zu leben". „All das", schrieb er „ist so viel kostbarer als die Federn und Perlen und das Gold, die wir ihnen weggenommen haben, zumal sie die Edelmetalle gar nicht dazu nutzten, Münzen zu prägen, wie es ihre übliche Verwendung ist."

Vasco de Quiroga, erster Bischof der mexikanischen Provinz Michoacán, hingegen ließ sich von Morus und anderen humanistischen Philosophen dazu inspirieren, der spanischen Krone einen menschlicheren Umgang mit der indigenen Bevölkerung nahezulegen. In seiner *Información en derecho* (Rechtsauskunft) und besonders in seinen *Reglas y ordenanzas* (Regeln und Verordnungen) gab er Empfehlungen, wie die Einheimischen „beschützt und bekehrt werden und leben können, ohne zugrunde zu gehen und zu sterben, wie sie derzeit zugrunde gehen und sterben, da sie durch das Fehlen einer guten Politik Schaden und Misshandlung erleiden". Quiroga schlug die Einrichtung von Gemeinwesen vor, sogenannten Hospitalen, in denen alle Arbeiten gleichmäßig verteilt wären, um keinem Einzelnen zu viel Anstrengung abzuverlangen. Auf diese Weise, so dachte er, würden die Einheimischen gerne mithelfen und „sich nicht herausreden, indem sie Krankheit vortäuschen, da die Tätigkeit zu ihrem Nutzen wäre".

🐟 Juan O'Gorman (1905–1982), *Geschichte Michoacáns* (Detail), Biblioteca Pública Gertrudis Bocanegra in Pátzcuaro, Michoacán. Auf dem beeindruckenden Fresko in der Tradition der mexikanischen Muralisten stellt der Künstler Vasco de Quiroga an der Seite seines geistigen Vorbilds Thomas Morus dar.

Der Arbeitstag wäre nicht länger als sechs Stunden, und die Ernte würde zum Schluss gerecht aufgeteilt, „sodass keine Familie entbehren möge, was eine andere im Überfluss hat". Möglicher Überschuss sollte den Armen und Bedürftigen zukommen oder für fromme Zwecke eingesetzt werden. Sauberkeit und Respekt vor jedermann wären die Regel: Die Einheimischen dürften ihre Gesichter nicht bemalen noch grellbunte Kleidung tragen, und es wäre niemandem erlaubt, einen anderen zu verspotten, weil er missgestaltet, blind oder schlecht gekleidet ist. Die Regenten würden für Gerechtigkeit sorgen, ohne dass es eines Richters bedürfte. Sie würden jede Seite anhören, ehe sie entschieden, und so für eine Gemeinschaft bürgen, in der alle sich als Brüder in Jesu Christi fühlten, vereint in Frieden und Nächstenliebe.

Jedes Hospital sollte von einem Vorsteher beaufsichtigt werden, einer „sanftmütigen, fleißigen, weder cholerischen noch grundlos strengen" Person, die in der Lage wäre, „ihre Pflichten zu versehen und die Aktivitäten des Hospitals anzuleiten". Niemand würde diesen Vorsteher gering schätzen, vielmehr würde man ihn lieben, verehren und ihm gehorchen, „weniger aus Furcht oder durch Zwang, denn aus Liebe und gutem Willen". Quiroga starb 1565, vielleicht noch immer in dem Glauben, dass seine ideale Gesellschaft möglich sei.

CIVITAS VERI

Paris, 1609

Als junger Mann verlässt Del Bene die heimatliche Toskana, um in Frankreich im Kreis der Italiener um Caterina de' Medici Auskommen und Ansehen zu finden. Um 1555 tritt er in den Dienst Margarete von Angoulêmes, der er bei ihrer Vermählung mit dem Herzog von Savoyen nach Turin folgt und bis zu ihrem Tod 1574 treu bleibt. Daraufhin geht er an den Hof Heinrichs III. Neben seinen Verpflichtungen als Diplomat und Höfling schreibt er stets Gedichte, die auch im Œuvre Ronsards Erwähnung finden. Seine 1565 verfasste Erzählung einer an Aristoteles, Dante oder Du Bellay inspirierten Initiationsreise wird erst nach dem Tod des Autors mit einer Widmung an Heinrich IV. und Stichen des Reformationsanhängers Thomas de Leu veröffentlicht.

n Wort und Bild beschreibt das allegorische Gedicht Bartolomeo Del Benes die Seele als Stadt: die Stadt der Wahrheit. In diese Stadt begibt sich Margarete, Herzogin von Savoyen, um zum Tempel der Weisheit zu gelangen. Nach mannigfachen Abenteuern trifft sie dort im Allerheiligsten Aristoteles, den *magister sapientiae*, und unterhält sich mit ihm. Wohlwollend erklärt ihr der Philosoph, wie es gelingen kann, ein gutes Leben zu führen. Dazu genüge es nicht, Tugenden zu besitzen, man müsse von ihnen auch den bestmöglichen Gebrauch machen, was

Thomas de Leu, *Das Labyrinth der Habgier*, Stich zu *Civitas veri* (Stadt der Wahrheit).

Titelseite der Ausgabe von 1609.

P. del gusto

MESODI

P. de lodorato

A.　Ciuitas VERI siue MORVM.
B.　Quinq. vrbis huiusce portæ significationem habentes quinq.
　　　sensuum exteriorum.
C.　Tres sensus interni. Nempe sensus communis, Vis imaginandi,
　　　Memoria.
D.　Valles in quib. atria vitiorum.

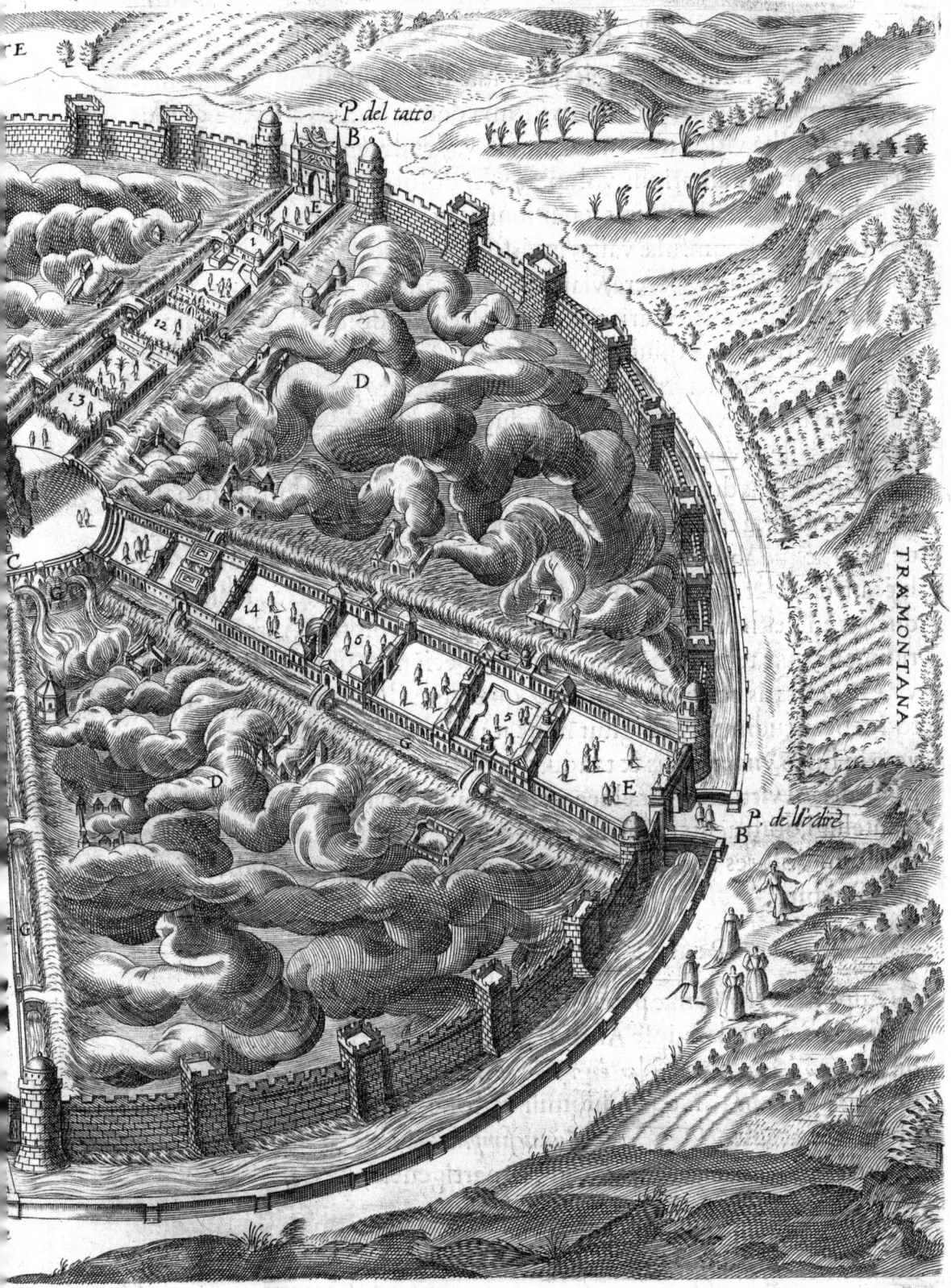

E.   Palatia virtutum moralium, per eaq. transitus in arcem & templa virtutum mentis.

F.   Tria genera vitæ humanæ. Voluptarium, Actuosum siue Politicum, & contemplationis siue philosophicum.

G.   Viginti riuuli, quorum decem, habent significationem voluptatum: decem alij dolorum.

„Entferne die Wolke, und die Sonne ewiger Wahrheit wird vor deinen Augen erstrahlen."

BARTOLOMEO DEL BENE

wiederum Taten zum Wohle des Gemeinwesens und der Mitmenschen ebenso voraussetzt wie das Studium der alten Philosophen, Aristoteles eingeschlossen. Er nennt der Herzogin die klassische aristotelische Glücksformel: das Streben nach einem erfüllten Leben durch vernunftgemäße Betätigung der Seele in Einklang mit Tugendhaftigkeit und verbunden mit gewissen körperlichen und materiellen Gütern.

Die Stadt der Wahrheit ist die architektonische Verkörperung von Aristoteles' *Nikomachischer Ethik*, ihre fünf Tore entsprechen den menschlichen Sinnen. Diese Tore sind zugleich Hüter der Seele, die sie vor dem Angriff gefährlicher oder unreiner Gedanken bewahren, und eine potenzielle Gefahr, da durch die Öffnungen im Bollwerk Versuchungen von außen eindringen können. Von den Sinnespforten gehen Straßen ab, die die moralischen Tugenden repräsentieren. Quer durch die Sümpfe, die verderblichen Orte des Lasters, streben sie alle einem Hügel zu, auf dessen Gipfel sich der Tempel der geistigen Tugend erhebt, überragt von einer Orpheus-Statue als Hinweis auf die Praxis orphischer Riten in der Stadt.

Die Devise der Civitas veri lautet: „Entferne die Wolke, und die Sonne ewiger Wahrheit wird vor deinen Augen erstrahlen."

🐟 Thomas de Leu, *Vollständige Beschreibung der Stadt der Wahrheit*. Die Sinnespforten, die Straßen der Tugend, die Lastersümpfe und im Zentrum der Tempel der geistigen Tugend, 1609.

CIVITAS SOLIS

Frankfurt, 1623

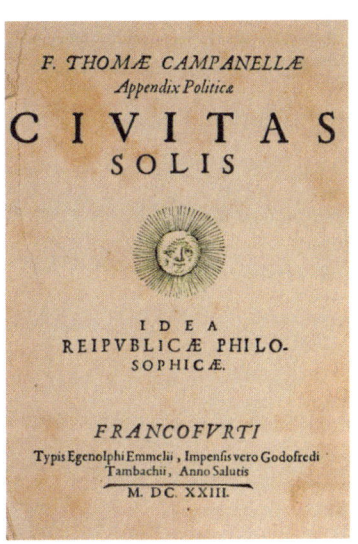

Der Dominikanermönch Tommaso Campanella ist Autor eines umfangreichen philosophischen Werkes, mit dem er die Wissenschaften reformieren wollte. Immer wieder der Häresie bezichtigt, beteiligt an einer Verschwörung gegen die spanische Herrschaft in Kalabrien, sieht er sich zeit seines Lebens in Prozesse verwickelt. Im Gefängnis verfasst er denn auch 1602 *La città del sole*, den *Sonnenstaat*, der jedoch erst 1623 in einer überarbeiteten, lateinischen Version erscheint. 1629 wird er von Papst Urban VIII. rehabilitiert und erhält sogar den Titel eines *magister teologiae*, ehe er erneut aus Italien fliehen muss und am Hof Ludwigs XIII. sein Leben beendet.

Nach dem Vorbild des *Timaios*, in dem Platon sich den Kosmos als perfekte Kugel vorstellt, die die Fixsterne umschließt, entwirft Campanella eine in sieben Kreise geteilte Stadt – einen für jeden der sieben Planeten –, die das irdische Abbild ihres himmlischen Pendants ist.

Im Sonnenstaat gehört alles allen gemeinsam, nicht nur Güter und Grundbesitz, sondern auch die Wissenschaften und Ehrungen. Jeder Einwohner muss seine Liebe zum Staat unter Beweis stellen, denn die Liebe ist entscheidend in allen gemeinschaftlichen Aktivitäten, und seine

Titelseite der ersten Ausgabe von 1623.

> *„Der größte magische Akt des Menschen ist,*
> *den Menschen Gesetze zu geben.“*
>
> Tommaso Campanella

Bürger amüsieren sich über andere Gesellschaften, die der Aufzucht von Hunden und Pferden so große Beachtung schenken, während sie die der Menschen vernachlässigen. Die öffentlichen Dienste und Arbeiten werden von allen übernommen, jeder Bürger arbeitet vier Stunden täglich. Den Rest der Zeit verbringt man mit „Lernen, Disputieren, Lesen, Erzählen, Schreiben, Spazierengehen, geistigen und körperlichen Übungen und Vergnügungen“.

Niemand wird als nutzlos angesehen: Die Invaliden dienen als Ausguck auf den Wachtürmen; die Blinden karden Wolle; wer weder Augen noch Hände hat, gebraucht seine Ohren und seine Stimme je nach Bedarf des Staates. So betätigen sich manche als Kundschafter, die den Beamten alles melden, was sie hören. Alle werden gut behandelt, und niemand hat Armut zu befürchten.

Geistige Gaben sind nur zu bewundern, wenn sie angewandt werden: Das mechanische Verfolgen toter Zeichen auf einer Seite wird als nutzlos erachtet, da es weder hilft, zu erkennen, auf welche Weise Gott das Universum lenkt, noch die Gesetze der Natur und die Werte der menschlichen Gesellschaft zu verstehen. Daher lernen die Kinder im Sonnenstaat, sobald sie von der Muttermilch entwöhnt sind, nicht nur lesen und schreiben, sondern zahlreiche Dinge durch die Betrachtung der auf allen Mauern der Stadt befindlichen lehrreichen Wandgemälde. Anschließend werden sie in Naturwissenschaften und Handwerken unterrichtet. Die Sonnenstaatler sind der Meinung, dass, wer nur eine Wissenschaft kennt, keine kennt, vielmehr bedarf es einer breiten und mannigfaltigen Bildung in den verschiedenen Bereichen menschlicher Neugier. Auch gehören Kinder ihrer Ansicht nach nicht den Eltern, sondern sollen im Hinblick auf die Erhaltung der Art aufgezogen werden, nicht als persönlicher Besitz oder zum Vergnügen der Erwachsenen.

Die Bewohner des Sonnenstaates sind große Köche: Honig, Butter und zahlreiche Gewürze finden bei der Zubereitung ihrer Speisen Verwendung. „Zu fette Speisen mildern sie durch bittere Essenzen, damit sie sich nicht übergeben müssen." Sie trinken maßvoll und baden in Wein, um Krankheiten vorzubeugen.

Darstellung des Sonnenstaats, Stich,
Künstler und Datum unbekannt.

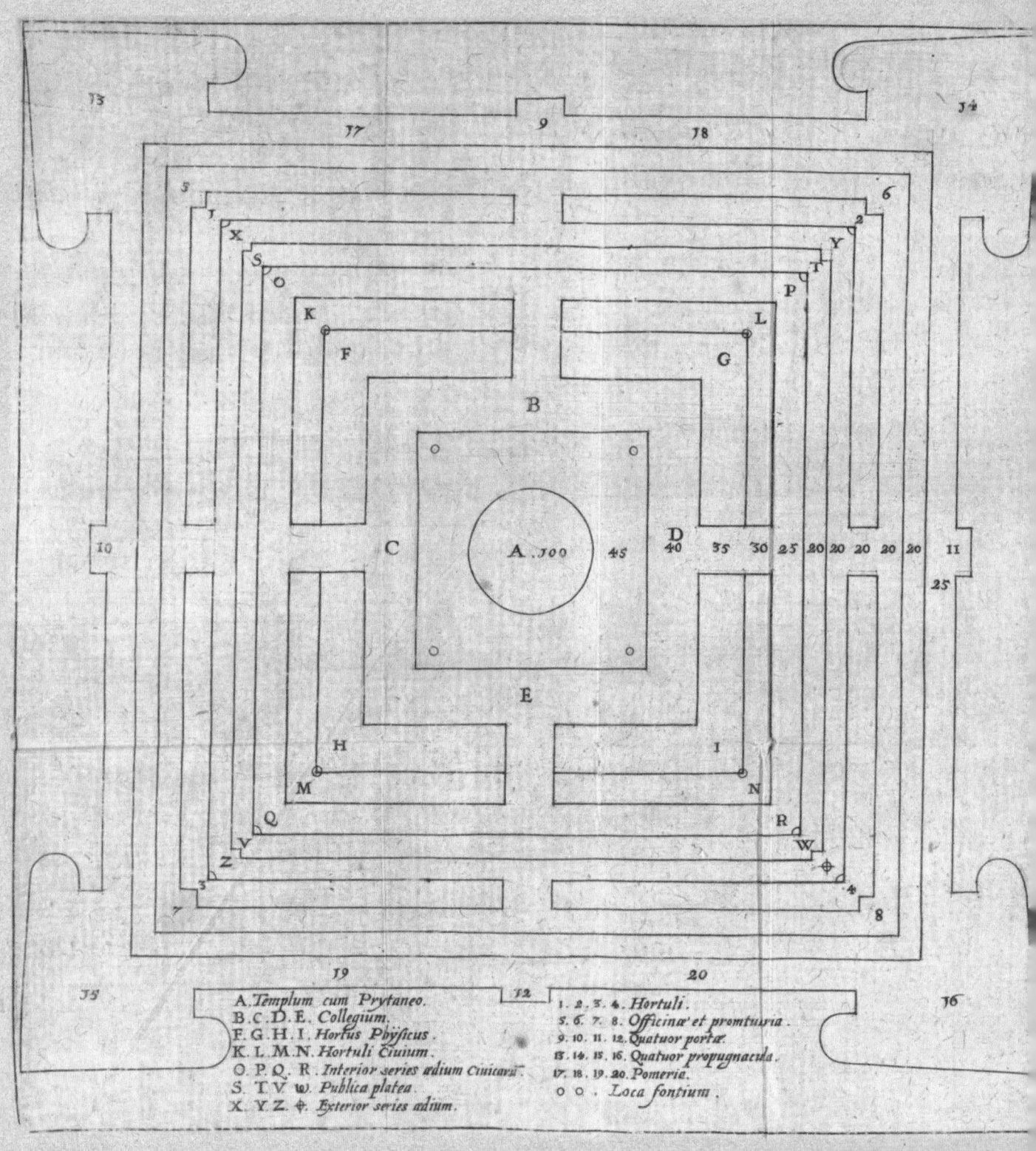

A. *Templum cum Prytaneo.*
B. C. D. E. *Collegium.*
F. G. H. I. *Hortus Physicus.*
K. L. M. N. *Hortuli Ciuium.*
O. P. Q. R. *Interior series ædium Ciuicarū.*
S. T. V. W. *Publica platea.*
X. Y. Z. Φ. *Exterior series ædium.*

1. 2. 3. 4. *Hortuli.*
5. 6. 7. 8. *Officinæ et promtuaria.*
9. 10. 11. 12. *Quatuor portæ.*
13. 14. 15. 16. *Quatuor propugnacula.*
17. 18. 19. 20. *Pomeria.*
o o. *Loca fontium.*

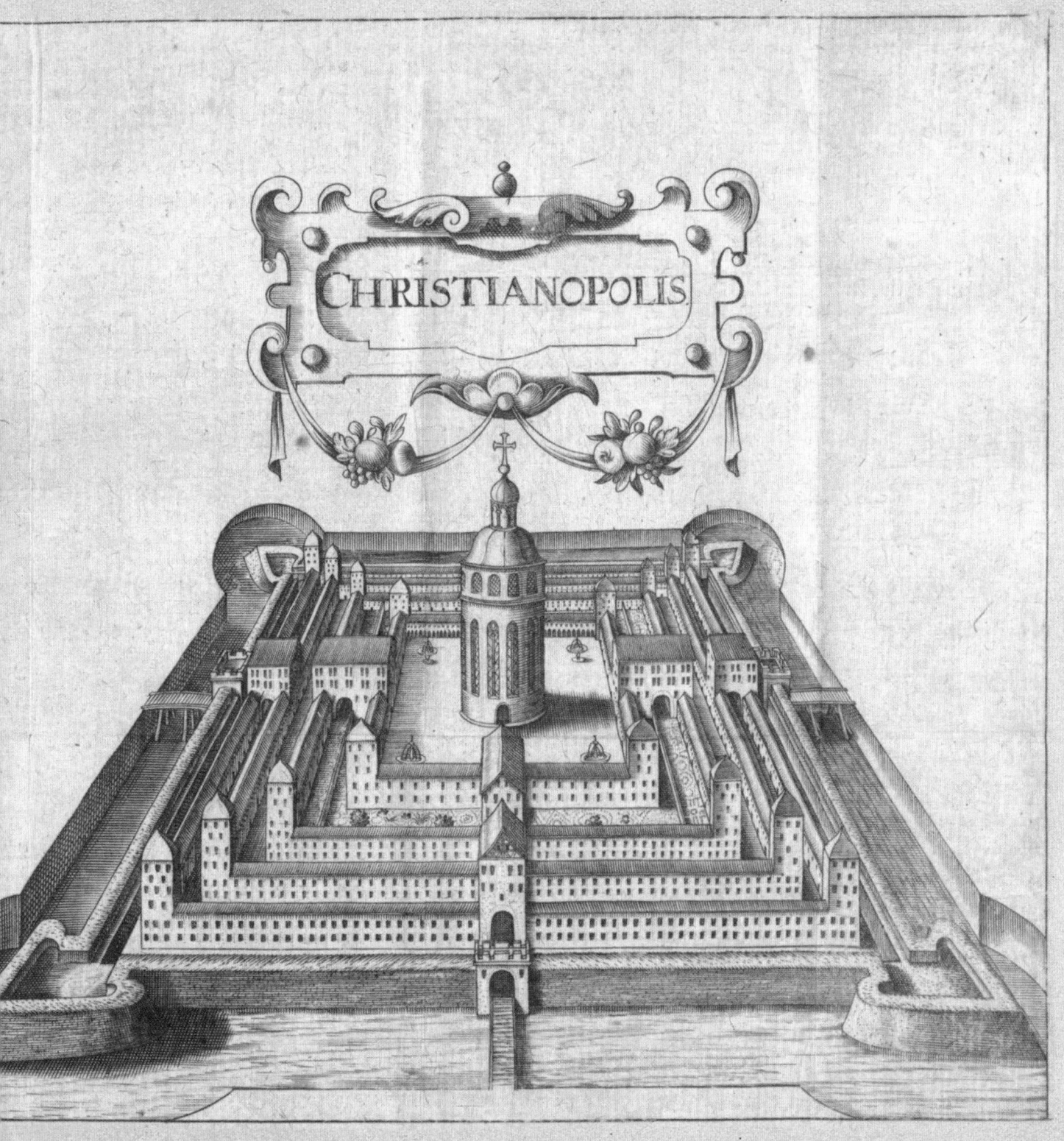

Johannes Valentinus Andreä (1586–1654), *Stadtplan von Christianopolis*, 1619.
Bei seinem Entwurf der idealen Stadt folgt der Autor der Symbolsprache des Neuen Jerusalem.

NEW ATLANTIS

a. Wildfires burning in water

b. Engine houses to study motion

c. Ability to fly in air

d. Instruments for seeing distant objects in the heavens

e. Light intensified and thrown great distances

f. Glasses to see small bodies perfectly

g. Perspective houses to study light and color

h. Pools to strain fresh water out of salt

i. Gardens bearing more speedily than their nature

j. Animals bred both greater and smaller than their kind

k. Fruit much larger than its nature

l. Aids to improve hearing

m. Sound houses for studying sound

n. Sound conveyed in tubes over distances

o. Deep caves for refrigeration

p. Ships sailing under water

L. Hess

NOVA ATLANTIS

London, 1627

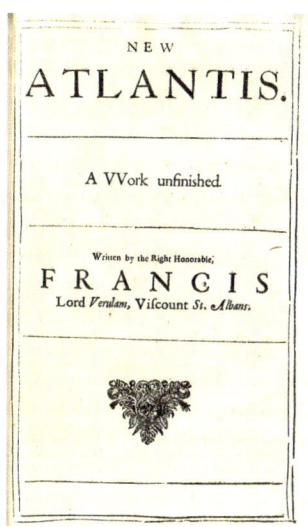

Francis Bacon verbindet zeit seines Lebens theoretische Forschung mit einer politischen Karriere – er ist Jurist und von 1584 an Mitglied des Parlaments. In der Philosophie bricht Bacon mit der von Aristoteles überlieferten Scholastik: Eine Erkenntnis kann seiner Ansicht nach außerhalb der Bücher und akademischen Zirkel durch Experimentieren erworben werden. *Neu-Atlantis*, geschrieben 1624, doch erst 1627 postum veröffentlicht, verrät die nötigen Schritte zum Aufbau einer harmonischen Gesellschaft. In seiner Utopie setzt Bacon vor allem auf Spezialisierung und Vertiefung jeglichen Wissens.

Auf der fiktiven Südseeinsel Bensalem entwirft Bacon eine Utopie, in deren Zentrum eine Art Orden steht, das Haus Salomons, der „der Erforschung und Betrachtung der Werke und Geschöpfe Gottes geweiht" ist. Zur Förderung (oder Verhinderung) anderer Unternehmungen ist die Seefahrt verboten, mit einer bemerkenswerten Ausnahme: Alle zwölf Jahre werden zwei Schiffe ausgerüstet, um Informationen über fremde Länder zu sammeln und sämtliche neuen Bücher, Instrumente und Unterlagen mitzubringen, die ihnen dort begegnen

Moderne Illustration von Lowell Hess zu den von Francis Bacon in *Neu-Atlantis* beschriebenen Forschungsstätten. Titelseite einer Londoner Ausgabe von 1670.

„Der Zweck unserer Gründung ist die Erkenntnis
der Ursachen und Bewegungen sowie
der verborgenen Kräfte in der Natur und die
Erweiterung der menschlichen Herrschaft
bis an die Grenzen des überhaupt Möglichen."

Francis Bacon

könnten. Darin erinnern die Weisen in Bacons Utopie an die Könige Alexandrias, die Gesandte in jeden Winkel der bekannten Welt ausschickten, damit sie alle auffindbaren Bücher kauften, konfiszierten, kopierten oder stahlen, um sie ihrer berühmten Bibliothek hinzuzufügen. So unterhalten die Bewohner Bensalems einen Handelsverkehr, aber nicht des Goldes, der Gewürze oder anderer wertvoller Dinge wegen, sondern allein um des Lichts der Erkenntnis willen, das, so Bacon, „an jeder Stelle der Erde hervorbricht".

Das Volk der Insel Bensalem ist so durch und durch keusch, dass man es als „Die Jungfrau der Welt" bezeichnen kann. „In der Nähe jeder Stadt gibt es zwei Teiche, die sie die Teiche Adams und Evas nennen", wo es gestattet ist, vor der Hochzeit das andere Geschlecht „nackt im Bade zu betrachten".

Zur Erkenntnisgewinnung wurden auf der Insel besondere Forschungsstätten eingerichtet. So gibt es weite und geräumige Gebäude zur Nachahmung der Wettererscheinungen wie Hagel, Schnee, Regen, Blitz und Donner. In akustischen Werkstätten können mithilfe von nirgends sonst bekannten Instrumenten jede Art von Musik, Vogelgesängen, Tierrufen sowie alle artikulierbaren Laute, sämtliche Stimmen und Sprachen erzeugt werden. Riesige Türme dienen „je nach ihrer verschiedenen Höhe und Lage zu Bestrahlungen, Abkühlungen, Konservationen und zu Beobachtungen der verschiedenen Wettererscheinungen". In optischen

Werkstätten werden Instrumente entwickelt, die es erlauben, sehr weit entfernte oder winzig kleine Gegenstände zu sehen. Es gibt ein Haus der Blendwerke, in dem alle möglichen Trugbilder und Sinnestäuschungen hervorgerufen werden, aber ohne künstliche Ausschmückung, sondern nur zur Vorführung der reinen, „von jeder falschen Wunderhaftigkeit unberührten" Naturerscheinungen, vergleichbar dem heutigen Dokumentarfilm oder der Fotografie.

Fremde fühlen sich auf der Insel willkommen. Wer, wie der Erzähler, an ihren Gestaden landet, wird so liebenswürdig aufgenommen, dass er darüber jene vergisst, die ihm in seiner Heimat teuer waren, und angesichts all der Wunderdinge über Neu-Atlantis sagt: „Wenn es irgendwo auf der Welt einen Spiegel gibt, der die Augen der Menschen anlocken und fesseln kann, so bietet ihn dieses Land."

Stich aus dem *Speculum Sophicum Rhodostauroticum* (Spiegel der Weisheit des Rosenkreuzes) von Theophilus Schweighardt Constantiens (vermutlich Pseudonym Daniel Möglings), 1618. Über Francis Bacons Zugehörigkeit zu den Rosenkreuzern wurde viel spekuliert, wozu zweifellos das Motiv der geheimen Gesellschaft seines *Neu-Atlantis* beitrug.

Printed for Henry Rhodes, next the swan Tavern in
Fleet street
F. H. Van Hove sculp.

HISTOIRE COMIQUE CONTENANT LES ÉTATS & EMPIRES DE LA LUNE

Paris, 1657

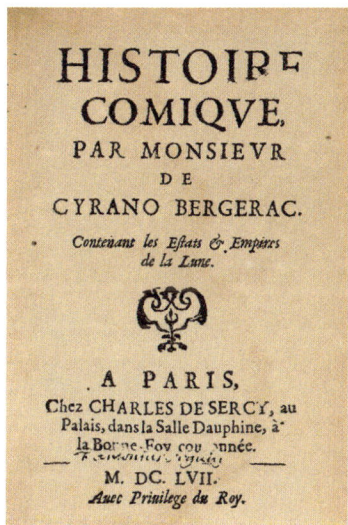

1638 verdingt sich Savinien de Cyrano de Bergerac im Regiment der Gascogner Kadetten. Nachdem er zwei Mal verwundet wurde, quittiert er den Militärdienst und hört in Paris die Vorlesungen des Philosophen und Naturwissenschaftlers Gassendi. Angeregt durch die Lektüre von Thomas Morus sowie sein Interesse für Giordano Bruno, schreibt er zwei Vorläufer der Weltraum-Science-Fiction, *Die komische Geschichte der Staaten und Reiche des Mondes* (1657 postum veröffentlicht) und *Die komische Geschichte der Staaten und Reiche der Sonne* (1662 postum veröffentlicht). In Ersterem erzählt Cyrano in der Ich-Form von seiner Ankunft im Mondreich, dessen Bewohner in eigenen Versen bezahlen. 1897 wird der Autor von Edmond Rostand wiederentdeckt, der ihn zur Hauptfigur seines Versdramas macht, später von den Surrealisten.

Was der Mond für die Erdenbewohner, ist die Erde für die Bewohner des Mondes, den der Erzähler mittels einer Art selbst gebauter Rakete erreicht. Dort oben befindet sich das irdische Paradies mit dem Lebensbaum. Der Wald ist derart erfüllt von Vogelgesang, dass „jedes Blatt Stimme und Gestalt einer Nachtigall angenommen zu haben scheint. Das Echo hat so viel Freude an ihren

Frontispiz einer englischen Ausgabe von 1687. Titelseite der Originalausgabe von 1657.

Weisen, dass man meinen könnte, wenn man es sich wiederholen hört, es habe Lust, sie zu lernen." Gleich einem Jungbrunnen gibt diese magische Atmosphäre jedem, der unter ihrem Einfluss steht, die Jugend zurück.

Aus diesem Paradies wird der Ankömmling jedoch vertrieben und gelangt in eine Gesellschaft großer Tiere, ähnlich auf vier Beinen laufenden Menschen, die ihren Besucher nach Wolfsart sanft im Nacken packen und in die Stadt bringen. Diese Tiere erscheinen dem Erzähler so außergewöhnlich, dass er selbst sich ebenso sonderbar fühlt wie ein märchenhaftes Fabelwesen. Die Bürger dort sind alle Philosophen und sehr wahrheitsliebend. Nichts, was nicht vernünftig wäre, kann sie überzeugen. Dank der wunderbaren Erfindung von akustischen Büchern, erwerben sie früh großes Wissen. „Denn wie sie lesen können, sobald sie sprechen können, so sind sie nie ohne Lektüre; im Zimmer, beim Spaziergang, in der Stadt, auf der Reise, zu Fuß, zu Pferd können sie in den Taschen oder am Bogen ihres Sattels angehängt dreißig solcher Bücher haben (…). So hat man unaufhörlich alle großen Männer, Lebende und Tote, um sich."

Ihre Nahrung sind keine festen Speisen oder Getränke, sondern Dämpfe von gekochtem Fleisch in verschlossenen Gefäßen, die zu den Mahlzeiten geöffnet werden. Sie glauben, dass die Kraft der Fantasie imstande ist, alle Krankheiten zu heilen, körperliche wie geistige. Entsprechend glauben sie auch, sich alles vorstellen zu können, bis hin zu einer gerechten und glücklichen Gesellschaft.

The Man in the Moone (Der fliegende Wandersmann nach dem Mond) von Francis Godwin (1562–1633) kann gewissermaßen als erstes Buch der Weltraum-Science-Fiction bezeichnet werden. Verpackt in eine philosophische Erzählung, verbreitet der Autor darin den Theorien Keplers und Galileis nahestehende Ideen. Frontispiz der ersten, postumen Auflage von 1638 (Detail).

THE BLAZING WORLD

London, 1666

Margaret Cavendish, geborene Lucas, ist eine englische Aristokratin, Philosophin und Wissenschaftlerin. Sie verbringt eine Zeit am Hof König Ludwigs XIV., heiratet dort William Cavendish, der ihre Forschung und ihre literarische Produktion unterstützt und fördert. 1666 erscheint *Die gleißende Welt*. Darin beschreibt sie eine Welt, in die man über den Nordpol gelangt. Die irdische Besucherin, durch ein Schiffsunglück dorthin verschlagen, wird wie eine Göttin verehrt und zur Kaiserin erhoben. Die einzige von einer Frau verfasste Utopie des 17. Jahrhunderts thematisiert als feministischer Text *ante litteram* unter anderem das Recht und den Willen der Frauen, an der Gestaltung der Welt teilzuhaben.

Die Bewohner der gleißenden Welt sind von unterschiedlicher Gestalt und Größe, Veranlagung wie Temperament, ähnlich den verschiedenen Tier- und Vogelarten. Es gibt Bärenmenschen, Wurmmenschen, Fischmenschen oder Sirenen, Vogelmenschen, Fliegenmenschen, Ameisenmenschen, Gänsemenschen, Spinnenmenschen, Flohmenschen, Fuchsmenschen, Affenmenschen, Dohlenmenschen, Elstermenschen, Papageienmenschen, Satyrn und Riesen. Die meisten von ihnen gehen Berufen nach oder studieren Künste und Wissenschaften, die dem Wesen ihrer Gattung entsprechen, und erweisen sich darin als so begabt, dass die Kaiserin zur Förderung der Forschung Schulen errichtet und Gesellschaften gründet.

Dank eines Gummis, gewonnen aus goldenem Sand, der in der warmen Hand zu Öl geschmolzen wird und alten Menschen die Jugend wiedergibt, hat das kaiserliche Geschlecht eine Lebenserwartung von mehreren Jahrhunderten.

Die Kaiserin herrscht nur mithilfe einer Handvoll Gesetze über die gleißende Welt, da angenommen wird, dass viele Gesetze viel Uneinigkeit bewirkten, die zu Zwietracht und zum Krieg führt. Durch beständigen Glauben bekehrt sie ihre Untertanen zu ihrer eigenen Religion, denn sie erachtet sanfte Überzeugung für wirkungsvoller als Zwang. „Und in der gleichen Art ermutigte sie alle bei ihren anderen Pflichten und Tätigkeiten, denn die Furcht bringt zwar die Leute zum Gehorsam, aber sie hält nicht so lange vor (…) wie die Liebe."

Als die Kaiserin selbst einen philosophischen Text verfassen möchte, empfehlen ihr die „stofflosen Geister", sich einer Seele als Schreiber zu bedienen. Denn in der gleißenden Welt glaubt man, dass die Seele einen Körper verlassen kann, um einen anderen zu bewohnen. Doch wessen Seele soll sie wählen? Die antiken Philosophen – Aristoteles, Pythagoras, Platon, Epikur und ihresgleichen –, geben die Geister zu bedenken, sind so an ihre eigenen Ansichten gebunden, dass sie niemals die Geduld aufbrächten, die der Kaiserin niederzuschreiben; die modernen Gelehrten wiederum – Descartes, Hobbes, Galilei – sind zu eingebildet, um einer Frau als Schreiber zu dienen. Also wählt die Kaiserin schließlich auf

Titelseite einer Nachauflage von 1668. Fortunio Liceti (1577–1657), *De monstris*, 1665. Möglicherweise angeregt und fasziniert von Licetis Schrift, folgt Margaret Cavendish einer Mode des 17. und 18. Jahrhunderts: Sie erfindet eine von hybriden Wesen bevölkerte Welt, um die ureigene Natur des Menschen zu ergründen.

Empfehlung der Geister die Seele der Herzogin von Newcastle, die, wie jene ihr versichern, „vielleicht nicht zu den gebildetsten, redegewandtesten, witzigsten und sinnreichsten Autoren gehört, aber sie beherrscht einen einfachen, vernünftigen Stil, denn die Grundsätze ihres Schreibens sind Sinn und Verstand".

Eines Tages möchte nun auch die Herzogin von Newcastle, deren Seele zu Besuch bei der Kaiserin der gleißenden Welt ist, sich ihr eigenes Reich erschaffen. Zu diesem Zweck untersucht sie die Auffassungen verschiedener Philosophen wie Thales, Pythagoras, Platon, Epikur, Aristoteles und Descartes, stellt jedoch fest, dass ihr nicht eine einzige davon hilfreich erscheint. Also beschließt sie, eine Welt ganz nach ihren Vorstellungen zu erfinden, „so bemerkenswert und abwechslungsreich, so wohlgeordnet und klug regiert, dass man es gar nicht in Worte fassen kann, ebenso wenig wie das Entzücken und die Freude der Herzogin beim Schaffen ihrer eigenen Welt".

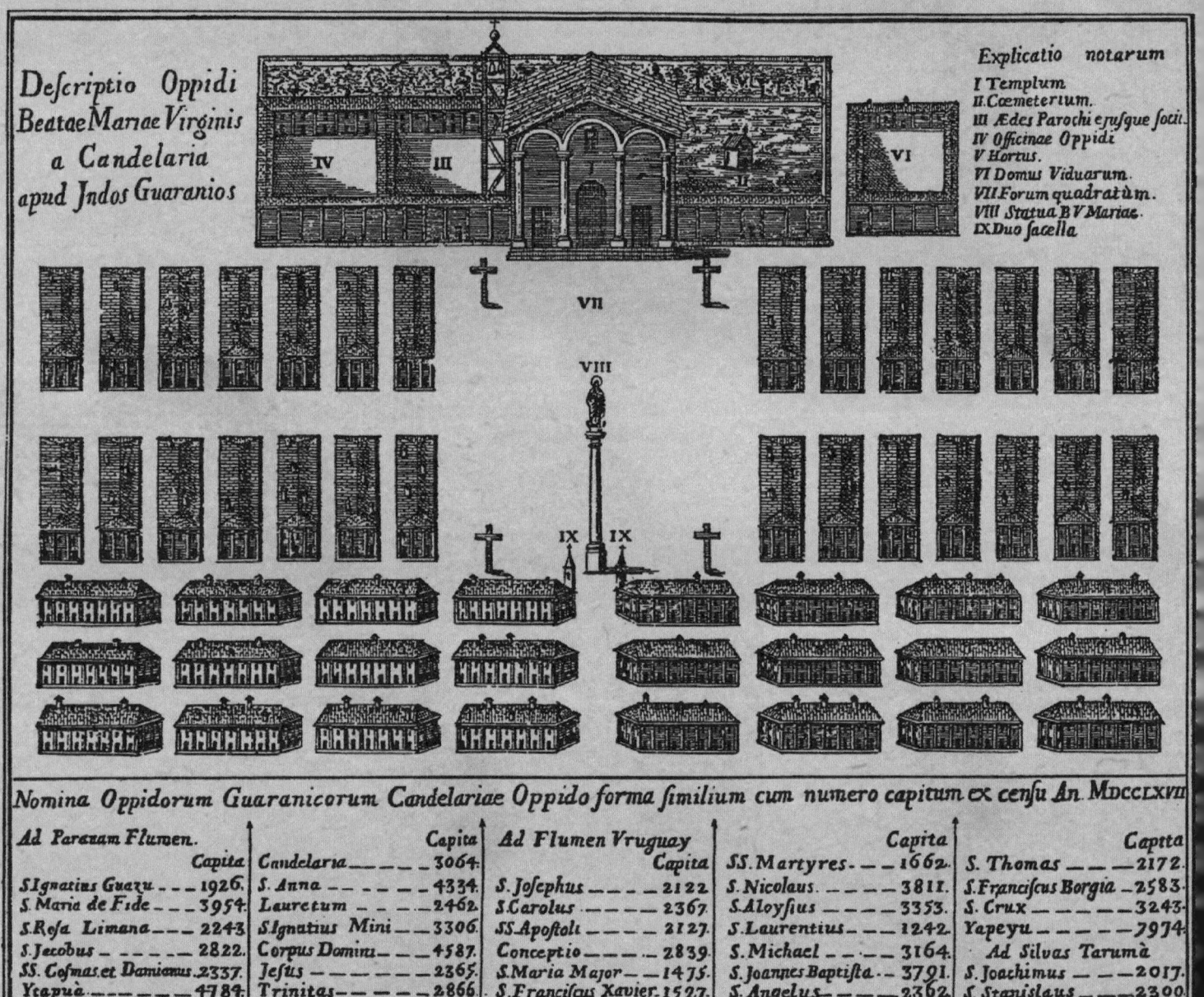

Descriptio Oppidi Beatae Mariae Virginis a Candelaria apud Indos Guaranios

Explicatio notarum
I Templum.
II. Cœmeterium.
III Ædes Parochi ejusque socii.
IV Officinae Oppidi.
V Hortus.
VI Domus Viduarum.
VII Forum quadratum.
VIII Statua B.V.Mariae.
IX Duo sacella.

Nomina Oppidorum Guaranicorum Candelariae Oppido forma similium cum numero capitum ex censu An. MDCCLXVII.

Ad Paranam Flumen.	Capita		Capita	Ad Flumen Uruguay	Capita		Capita		Capita
S.Ignatius Guazu	1926.	Candelaria	3064.	S. Josephus	2122.	SS. Martyres	1662.	S. Thomas	2172.
S. Maria de Fide	3954.	S. Anna	4334.	S.Carolus	2367.	S. Nicolaus	3811.	S. Franciscus Borgia	2583.
S.Rosa Limana	2243.	Lauretum	2462.	SS. Apostoli	2127.	S. Aloysius	3353.	S. Crux	3243.
S.Jacobus	2822.	S.Ignatius Mini	3306.	Conceptio	2839.	S. Laurentius	1242.	Yapeyu	7974.
SS. Cosmas et Damianus	2337.	Corpus Domini	4587.	S.Maria Major	1475.	S. Michael	3164.	Ad Silvas Tarumà	
Ytapuà	4784.	Jesus	2365.	S.Franciscus Xavier	1527.	S.Joannes Baptista	3791.	S. Joachimus	2017.
		Trinitas	2866.			S.Angelus	2362.	S. Stanislaus	2300.

Summa totalis 93181.

RELACIÓN DE VIAJE A LAS MISIONES JESUÍTICAS

Brixen, 1696

Beseelt von dem Wunsch, Indianer zum katholischen Glauben zu bekehren, schifft sich der österreichische Jesuitenpriester Anton Sepp 1691 nach Südamerika ein. Als Missionar und begabter Musiker bringt er die Orgel und die Harfe nach Paraguay, deren Letztere sich zum paraguayischen Nationalinstrument entwickelt. Er wirkt als Instrumentenbauer ebenso wie als Architekt. Seine Reisebeschreibung zu den Jesuitenmissionen gibt Einblick in den Alltag einer Jesuitenkolonie. Sepp beschreibt die Regeln, die diese Gemeinschaft strukturieren.

Angeleitet von Missionaren, kommen die Indios in den Genuss so fortschrittlicher Gesetze, dass die Philosophen der Aufklärung diese sogenannten Jesuitenreduktionen als gelebte Utopien ansahen. So wurden beispielsweise die Guaraní als weltweit erste Gesellschaft vollständig alphabetisiert.

Die Missionen sind an ihrer südlichen Grenze durch eine reißende Stromschnelle geschützt, welche die gierigen Spanier auf ihrer Suche nach Beute nicht überwinden können. Die Natur hat diese Barriere als klares Zeichen errichtet, wie um zu sagen *„Non plus ultra –* nicht darüber hinaus!" Dies hindert die Spanier, die voll aller erdenklicher Laster sind, daran, die unschuldigen, noch gänzlich arglosen Indios zu verderben. Das sind wahre Christen, doch wenn die Spanier ihrer habhaft werden, behandeln sie sie wie Tiere und machen diese Menschen, die dank der Gnade Gottes frei geboren wurden, zu Sklaven.

Plan der Mission von Candelaria, Argentinien, 1768.

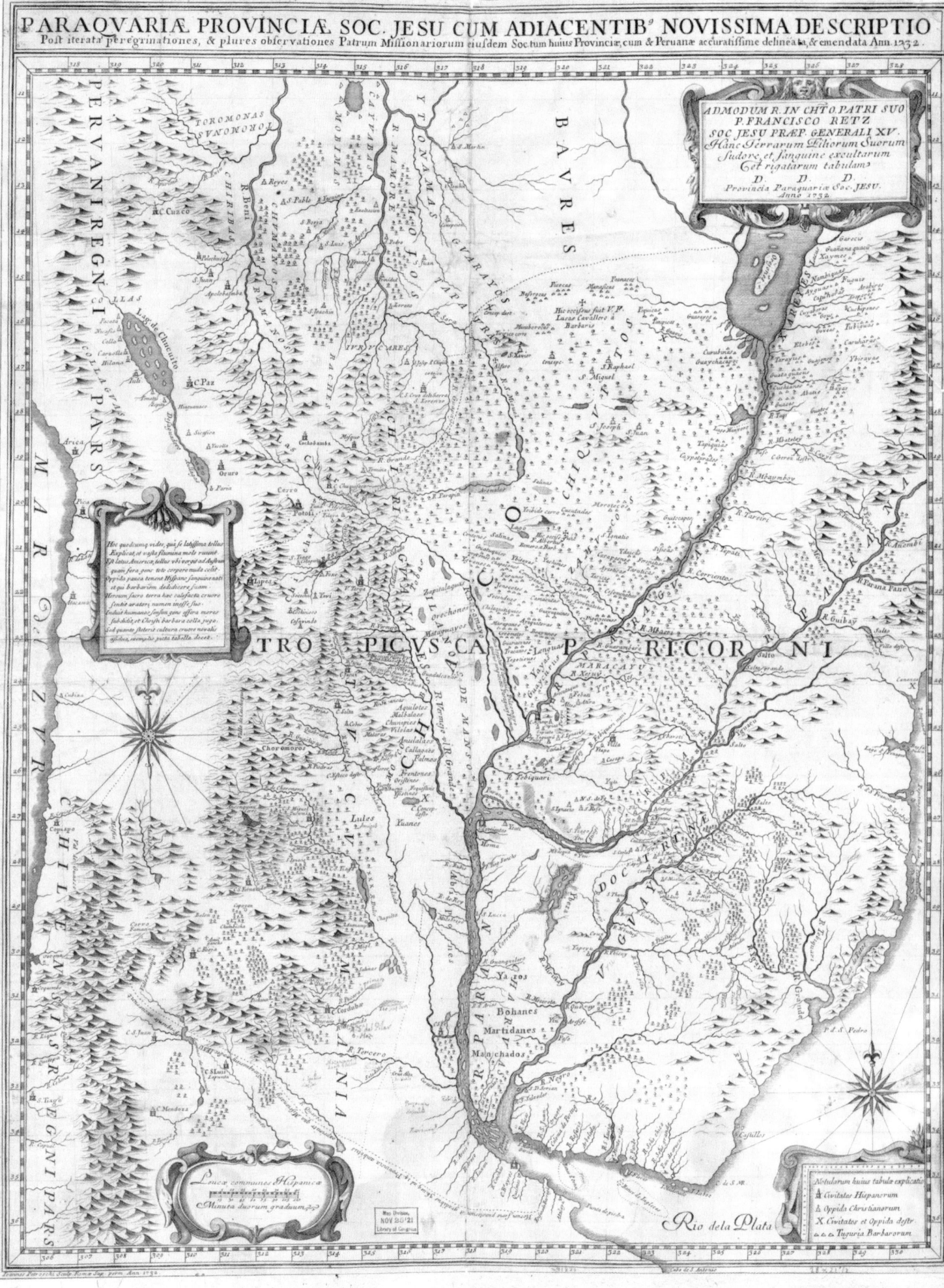

PARAQVARIAE. PROVINCIAE. SOC. JESU CUM ADIACENTIB' NOVISSIMA DESCRIPTIO

Post iterata peregrinationes, & plures observationes Patrum Missionariorum eiusdem Soc. tum huius Provinciae, cum & Peruanae accuratissime delineata, & emendata Ann. 1732.

ADMODUM R. IN CHTO. PATRI SUO
P. FRANCISCO RETZ
SOC. JESU PRAEP. GENERALI XV.
Hanc Terrarum Filiorum Suorum
Sudore, et Sanguine excultarum
Cet rigatarum tabulam
D. D. D.
Provincia Paraquariae Soc. JESU.
Anno 1732.

Rio de la Plata

Notularum huius tabulae explicatio
⚔ Civitates Hispanorum
⚑ Oppida Christianorum
X Civitates et Oppida destr
Tuguria Barbarorum

Die Missionare haben stets ein *kaloko* genanntes Glöckchen dabei. Diese Glöckchen wirken gegen Gewitter, denn wo immer man ihren Klang hört, da ertönt kein Donner. Daher klingelt man das Glöckchen, sobald ein Blitz zu sehen ist, und das Gewitter zieht ab. Diese Macht basiert auf einer gigantischen Glocke, die man vor Jahrhunderten tief unter der Erde läuten hörte. Die Menschen glauben, dass Engel sie vom Himmel herabgebracht und im Boden Mexikos vergraben haben, wo sie von Zeit zu Zeit erklang: jedes Mal, wenn sich ein Gewitter über der Gegend zusammenbraute oder ein Erdbeben sie bedrohte. Also gruben sie in der Erde, um Stücke desselben Metalls herauszuholen, aus dem die große Glocke gemacht war, und kleine Schellen davon anzufertigen, die sie vornehmen Besuchern schenkten. Eine dieser Glocken wurde aus Südamerika zum Heiligen Stuhl in Rom gebracht, wo sie sich bis heute befindet.

Aus der Sicht eines Europäers sind die Bewohner der Missionen sehr hässlich; ihre identischen Gesichter, alle wie aus derselben Form gestanzt, sind frei von erkennbaren Merkmalen, eher platt, glatt und finster. Die Männer haben seltsame Bestattungsriten. Wem zum Beispiel ein Verwandter stirbt, der schneidet sich einen Finger ab. Sterben zwei oder drei, dann schneidet er zwei oder drei Finger ab. Stirbt eine Tochter, so wird ein Fest organisiert und im Schädel, der als gemeinschaftlicher Kelch dient, Wein gereicht. Alle feiern und trinken beim Leichenschmaus bis zur Besinnungslosigkeit.

Das grundlegende Gesetz der Missionen ist „Liebe deinen Feind wie dich selbst". Dieses Gesetz wird den Bewohnern anhand der Harnischwelse erklärt: Die kleinen Fische sind die bevorzugte Nahrung der Haie in der Region, denen sie jedoch entrinnen, indem sie sich an deren Körpern festsaugen und von ihnen mitziehen lassen. Ebenso, sagen die Missionare, sollten wir unsere Feinde nicht hassen und ihnen zu entfliehen suchen, sondern im Gegenteil uns an sie schmiegen wie diese kleinen Fische, um uns vor ihnen zu schützen.

Karte Jesuitenreduktion in Paraguay. ❧ Denis Vairasse, *Eine Historie der neu-gefundenen Völcker Sevarambes genannt*, eine der wichtigen Utopien des 17. Jahrhunderts. Frontispiz einer Ausgabe von 1716.

Tout connoître est bien difficille,
ce n'est pas l'ouvrage d'un seul.

VOYAGES ET AVENTURES DE JACQUES MASSÉ

Köln und Bordeaux, 1710

Der Philosoph Simon Tyssot de Patot, in der Normandie aufgewachsener Sohn hugenottischer Eltern, der später in den Niederlanden ansässig wird, ist ein Anhänger der Ideen Spinozas. Wie dieser sieht Patot sich des Atheismus und der Immoralität angeklagt, was ihn zu einem unsteten Leben verdammt. *Voyages et aventures de Jacques Massé* (Die Reisen und Abenteuer des Jacques Massé) wird 1710 ohne Autorenangabe gedruckt. Nach dem Tod seiner Eltern beschließt Jacques, ein Schiff zu besteigen, welches jedoch bei einer Insel Schiffbruch erleidet. In den fünf Jahren seines Aufenthalts dort lernt er die Sitten und Gebräuche ihrer Einwohner kennen, die den Prinzipien des Materialismus folgen.

Das ideale Land, das der Chirurg Jacques Massé inmitten des Atlantischen Ozeans, tausend Meilen von der Insel St. Helena entfernt, entdeckt, ist ein friedlicher und harmonischer Staat. Hundertdreißig Meilen lang von Ost nach West und achtzig breit von Nord nach Süd, ist die Insel in Kantone oder Städte unterteilt, die wiederum in perfekten

Titelseite der Originalausgabe von 1710. 🖋 Die von Tyssot de Patot erfundene Sprache kennt nur den Singular.

le Preſent, le Parfait indéfini ou Com-
poſé, & le Futur : qu'ils n'ont point
d'Impératif : que dans leur Subjonctif
il ne ſe trouve que l'Imparfait & le plus
que parfait premier : avec l'Infinitif &
le Participe. Ils n'ont auſſi que trois
Perſonnes pour le Pluriel & Singulier
tout enſemble. C'eſt ainſi, par exem-
ple, qu'ils conjuguent le Verbe manger, *At.*

Indicatif preſent.

Ata. Je mange, ou nous mangeons.
Aſé. Tu manges, vous mangez.
Aɩn. Il mange, ils ou elles mangent.

Parfait indéfini.

Atài. J'ai mangé, nous avons mangé.
Atéi. Tu as mangé, vous avez mangé.
Atɩi. Il a mangé, ils ou elles ont mangé.

Futur.

Atàio. Je mangerai, nous mangerons.
Atéio. Tu mangeras, vous mangerez.
Atɩio. Il mangera, ils ou elles mangeront.

Impératif & Infinitif.

At. Mange, Mangez, Manger.

Imparfait premier du Subjonctif.

Atàin. Je mangerois, nous mangerions.
Atéin. Tu mangerois, vous mangeriez.
Atɩin. Il mangeroit, ils ou elles mange-
roient.

Plus

> *„Als die Sonne bemerkte, wie sie (die Erde) bebte und gewaltig zuckte, hatte sie Mitleid mit ihr, und nachdem sie sich aus Furcht, sie weiter zu entzünden und ganz zu verbrennen, in dicke Wolken gehüllt hatte, näherte sie sich ihr, drang mit ihren Strahlen bis tief in ihr Innerstes und zog sich dann sogleich wieder zurück."*

SIMON TYSSOT DE PATOT

Quadraten erbaut sind, welche schnurgerade, von Baumreihen gesäumte Kanäle voneinander trennen. Entlang der Ufer gibt es Treidelpfade für die Tiere, die die Boote auf diesen Wasserwegen ziehen.

Die Bewohner des Landes sind sehr groß, haben dunkle Haut und ein dichtes Fell, das sie eher wie Bären als wie Menschen aussehen lässt. Feuerwaffen sind ebenso unbekannt wie Uhren. Die Zeit misst man mithilfe eines Apparates, bestehend aus einer Schnur und einer Metallkugel, der es erlaubt, Tages- oder Nachtzeit durch die Schwingung der Schnur zu bestimmen.

Das Interessanteste an dieser Gesellschaft ist sicherlich ihre Sprache. Sie ist absolut einheitlich, ohne jegliche Ausnahmen ihrer Deklinations- und Konjugationsregeln: Was für ein Verb oder Nomen als korrekt gilt, ist dies auch für alle anderen.

Die Gesellschaftsordnung folgt den Prinzipien des Materialismus und Rationalismus. Ohne die offizielle christliche Schöpfungsgeschichte a priori infrage zu stellen, kommt Massé zu dem Schluss, dass ein wissenschaftlicher Atheismus besser zu einer gut organisierten Gesellschaft passt, die zum Wohle und zur Zufriedenheit aller gereicht. Verbrechen sind verboten, und Missetäter werden bestraft, doch die Todesstrafe ist unbekannt, da nur Er, der das Leben gegeben hat (so sagen die Insulaner), es wieder nehmen kann. Dieser Schöpfer ist nicht der christliche Gott, sondern eine positive kosmische Kraft. Als sie die christliche Lehre kennenlernen, sind die Bewohner der Insel entsetzt von der Vorstellung eines so grausamen und rachsüchtigen göttlichen Wesens, das unter dem Vorwand der Missachtung seiner Zehn Gebote und besonders des Verbotes, einen Apfel zu essen, die Menschheit in ewige Verdammnis stürzt. Angesichts dieser von den Überzeugungen einer christlichen Gesellschaft so verschiedenen Auffassung äußerte Massé: „Ihr urteilt nach euren Prinzipien … Wir handeln nach den unsrigen; jeder heißt seine eigenen Gefühle gut, all jene, die diesen entgegenstehen, schockieren ihn."

Vignette des Deckblatts der in Bordeaux gedruckten Ausgabe von 1710. Die Liebe zwischen Sonne und Erde, wie die Bewohner des von Jacques Massé besuchten Landes sie sich vorstellen. 365 und einen Vierteltag später gehen aus dieser Liebe ein Mann und eine Frau hervor, beide von herrlicher Gestalt.

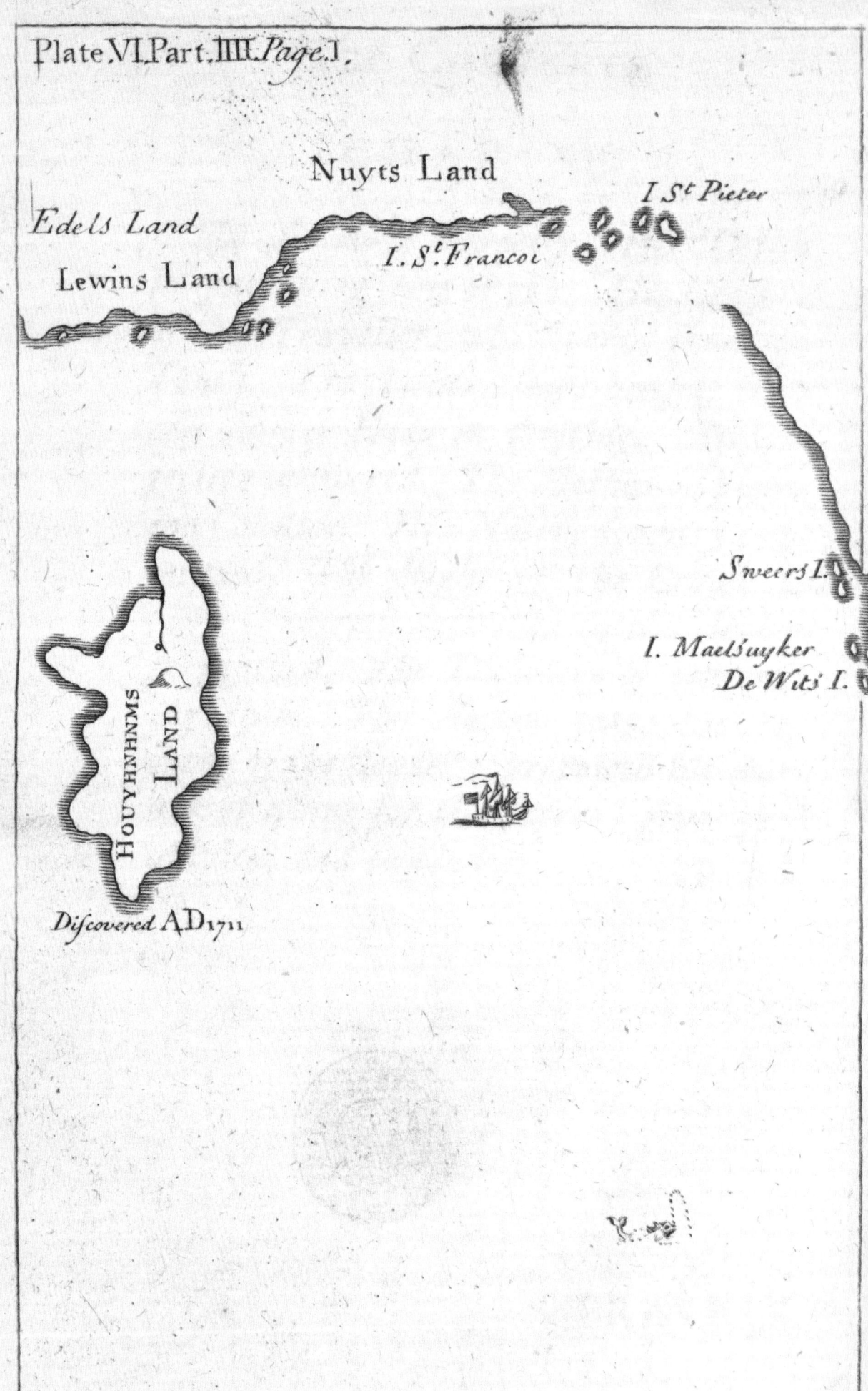

Plate. VI. Part. IIII. *Page.* I.

Nuyts Land

Edels Land

Lewins Land

I. St Francoi

I St Pieter

Sweers I.

I. Maelsuyker

De Wits I.

HOUYHNHNMS LAND

Discovered A.D. 1711

GULLIVER'S TRAVELS

London, 1726

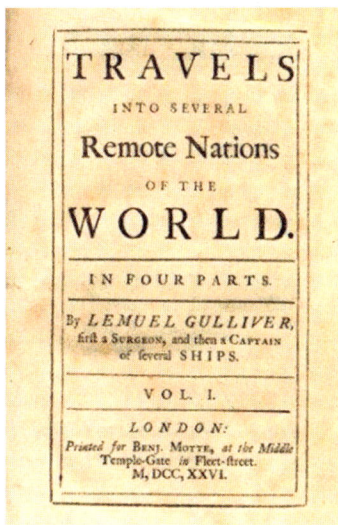

Jonathan Swift war Dekan der St. Patrick's Cathedral in Dublin. Aus der Feder des Dichters, Humanisten, aber auch Kirchenmannes und Politikers stammen zahlreiche Pamphlete und Satiren. Er steht im Kontext des Konfliktes zwischen den beiden britischen Parteien Whig und Tory, den aufklärerischen Liberalen und den Konservativen, seit der Krönung Königin Annes im Jahr 1702. Aus Furcht vor Verfolgung zensiert der Londoner Drucker Motte 1726 das Manuskript von *Gullivers Reisen*, das so um einige polemische Passagen gekürzt erscheint. Es wird ein großer Verkaufserfolg. Die Hauptfigur Gulliver, ein Marinearzt, besucht nacheinander verschiedene imaginäre Länder. Das Buch ist in vier Teile gegliedert, deren jeder mehrere Abenteuer schildert.

Die verschiedenen Länder, die Gulliver besucht, sind keine Utopien im eigentlichen Sinne, außer vielleicht das der Houyhnhnms. Die Houyhnhnms sind zivilisierte, von Natur aus allen Tugenden zugeneigte Pferde, die weder Begriffe noch Ideen für das Böse bei vernünftigen Geschöpfen besitzen. Den Verstand zu pflegen und sich ganz von ihm leiten zu lassen, ist ihnen oberstes Gebot. Auch ist Vernunft bei ihnen nichts Strittiges, wie bei uns, wo man zu einer Frage plausibel entgegengesetzte Ansichten vertreten kann. Ein vernünftiges Argument

Innenseite des vierten Teils. Karte der Houyhnhnm-Insel, die der Autor südlich von Neu-Holland (Australien) ansiedelt. Titelseite der Originalausgabe von 1726.

> *„Der Mensch ist das gefährlichste Tier,*
> *das nur daran denkt,*
> *allen anderen Tieren zu schaden."*
>
> Jonathan Swift

überzeugt sie sofort, sofern es nicht durch Interessen verworren, undurchsichtig oder fadenscheinig wird. Auseinandersetzungen, Zank und Dispute über falsche oder zweifelhafte Äußerungen sind bei den Houyhnhnms unbekannt. Als Gulliver das erfährt, fragt er sich, welche Verwüstungen eine solche Lehre in europäischen Bibliotheken anrichten würde und wie viele Wege zum Ruhm der gelehrten Welt dadurch verschlossen wären.

Freundschaft und Güte gelten bei den Houyhnhnms als die höchsten Tugenden, und diese sind nicht auf einzelne Individuen beschränkt, sondern schließen die gesamte Art mit ein. Ein Fremder aus dem entferntesten Teil des Landes wird auf dieselbe Weise behandelt wie der nächste Nachbar und fühlt sich, wohin er auch kommt, sogleich wie zu Hause. Die Houyhnhnms legen äußersten Wert auf Anstand und Höflichkeit, kennen jedoch keinerlei Förmlichkeiten. Sie hegen keine Zärtlichkeit für ihre Fohlen, sondern folgen in der Sorgfalt, die sie auf ihre Erziehung verwenden, ganz den Geboten der Vernunft. Daher begegnen sie den Sprösslingen ihrer Nachbarn mit derselben Zuneigung wie ihren eigenen, da sie meinen, dass die Natur sie lehrt, die ganze Art zu lieben, und es für vernünftig halten, bloß diejenigen Individuen auszuzeichnen, die einen höheren Grad an Tugend besitzen.

Sawrey Gilpin (1733–1807), *Gulliver verlässt die Insel der Houyhnhnms*, 1769.

Auf der Insel leben außerdem die Yahoos, welche den Menschen ähneln und die ungelehrigsten aller Tiere sind. Schmutzig und voll schlechter Gewohnheiten, sind sie nur als Zug- oder Lasttiere zu gebrauchen. Sie sind gerissen, boshaft, heimtückisch, stark und robust, doch von Natur aus feige und daher frech, niederträchtig und grausam. Die Rothaarigen unter ihnen sind lüsterner und bösartiger als die anderen. Die Houyhnhnms pferchen die Yahoos in Hütten in der Nähe ihrer Häuser oder senden sie auf bestimmte Felder, wo sie Wurzeln ausgraben, verschiedene Gräser und Kräuter essen und nach Aas suchen oder manchmal einen Marder oder ein Luhimuh (eine Art wilde Ratte) fangen, die sie gierig verschlingen. Auf der Suche nach im Schlamm verborgenen „glänzenden Steinen", von denen sie besessen sind, graben sie mit ihren Klauen tiefe Löcher in die Erde. Die Houyhnhnms verachten die Yahoos. Als Gulliver – gegen seinen Willen – nach England zurückkehren muss, erfüllt ihn der Anblick seiner Yahoo-Familie mit Hass, Ekel und Verachtung, und er verbringt so viel Zeit wie möglich mit seinen Pferden, mit denen er sich täglich mehrere Stunden unterhält.

Abbildung eines Bürgers in Potu.

NICOLAI KLIMII ITER SUBTERRANEUM

Kopenhagen, 1741

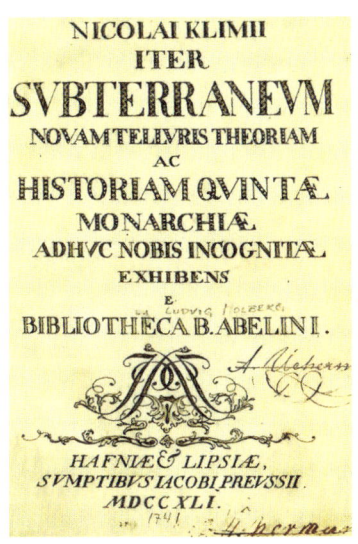

Der Philosoph und Schriftsteller Ludvig Holbein spielt für die Literatur des dänisch-norwegischen Königreichs eine bedeutende Rolle. Er reist nach Holland, England und Frankreich. In seiner Heimat rühmt er den aufklärerischen Geist Montesquieus und Voltaires und entwickelt eine an Grotius inspirierte Naturrechtslehre.
Niels Klims unterirdische Reise ist ein Angriff gegen religiösen und politischen Fanatismus. Der Held der Satire stürzt bei der Erforschung einer Höhle in das Innere der Erde auf einen aus verschiedenen Ländern bestehenden Planeten, dessen Bewohner exzentrische Gebräuche pflegen. Zunächst auf Latein verfasst, wird das Werk in zahlreiche Sprachen übersetzt und in ganz Europa verbreitet.

D ie Bewohner des unterirdischen Planeten sind Bäume, welche durch ihre Stämme sprechen und die Menschen für „Affen von ungewöhnlicher Gestalt" halten. Im Lande Potu (Utop) sind sie intelligent und kultiviert, doch ist es ihnen streng verboten, über Gott zu reden; wer sich zu einer solchen Torheit hinreißen lässt, wird als närrisch angesehen und ins Zuchthaus gesperrt. Zwar wird Potu von einem Fürsten regiert, doch um so viel Gleichheit wie möglich zu erreichen, „findet man hier die Ehrenstellen nicht in gewisse Klassen abgeteilt, sondern die

Abbildung eines Bürgers in Potu. Titelseite der Originalausgabe von 1741.

Unteren müssen den Oberen gehorchen, und die Jugend muss das Alter verehren". Der Fürst darf nicht öffentlich angeklagt werden, nach seinem Tod jedoch untersucht ein Rat die Taten des Verstorbenen. Entsprechend steht dann auf seinem Grabmal ein Wort wie: „Bewundernswert", „Gut", „Nicht übel", „Mäßig" oder „Erträglich".

Die Schilderung des Landes Potu nimmt gut ein Drittel des Buches ein, während der Rest Klims Abenteuern in den nichtutopischen Reichen der Unterwelt gewidmet und als groteske Verfremdung der europäischen Sitten und Staaten zu lesen ist. So vermengen sich in der Hauptstadt des Philosophenlandes *Maskattia* Schweine und Philosophen, wobei Letztere „nur durch die Leibesgestalt von den Ersteren unterschieden, an Unflat und Unsauberkeit aber vollkommen gleich" sind. Die Philosophen tragen widerliche Mäntel und sind immer in Gedanken versunken, sodass es unmöglich ist, ihnen eine Frage zu stellen und darauf eine sinnvolle Antwort zu bekommen. Je unklarer und verworrener ihre Äußerungen sind, desto mehr preist man sie, und je vager und sinnloser ihre Pläne, desto eher finden sie allgemeine Zustimmung.

In einer anderen Provinz des Reiches hat die mächtigste Gruppe längliche Augen, weshalb ihnen alles länglich erscheint. „Aus diesen allein werden die Regenten, Ratsherren und Priester gewählt, sie führen allein die Regierung und lassen niemanden aus einer anderen Zunft zu einem öffentlichen Amt gelangen, wenn er nicht bekennt, dass eine gewisse Tafel, die der Sonne gewidmet und an dem erhabensten Ort des Tempels aufgestellt ist, ihm auch länglich vorkomme."

In einer abgelegenen, unzivilisierten Provinz wird Klim schließlich zum Herrscher gekrönt, verwandelt sich jedoch rasch in einen verhassten Tyrannen. Auf der Flucht vor seinen Gegnern sucht er Schutz in einer Höhle, durch die er wieder auf die Erdoberfläche gelangt, wo er den Rest seiner Tage als armer Küster fristet.

☞ Niels Klims Abstieg in die unterirdische Welt, Illustration von 1750.

Die unterirdiſche Sonne.

Victorin prenant ſon vol.

LA DÉCOUVERTE AUSTRALE PAR UN HOMME VOLANT

Paris, 1781

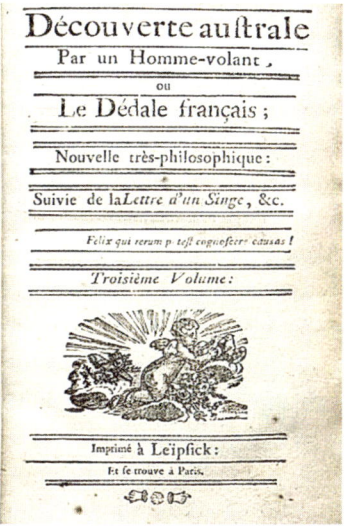

Nicolas Edmé Restif, genannt Restif de la Bretonne, stammt aus einer bäuerlichen Familie. Auch wenn er sich später in der Stadt niederlässt, bleibt er doch, gleich vielen seiner Zeitgenossen, der ländlichen Welt verbunden. Als reformerischer Geist stellt er einiges infrage: von der Prostitution über das Theater bis hin zur Erziehung junger Mädchen. *Der fliegende Mensch* erscheint im Original 1781. Sein Held Victorin flieht dank raffiniert konstruierter Flügel mit seiner Geliebten Christine auf den unbesteiglichen Berg in den Alpen. Von dort aus bricht er zur Entdeckung des südlichen Kontinents auf, wo er eine Republik gründet, in der er die vortrefflichste aller Regierungen einführt.

D ie Republik des südlichen Kontinents hat nur eine begrenzte Anzahl von Bewohnern, damit sich die Gleichheit besser durchsetzen lässt. Man findet dort keinerlei Laster. Vielmehr leben die Menschen miteinander in brüderlicher Liebe, gegenseitiger Unterstützung, Diensteifer und Höflichkeit. Fühlt sich einer von ihnen unwohl, so ist die gesamte

🐦 Frontispiz der Originalausgabe von 1781. Fest entschlossen, Christine zu entführen und zum unbesteiglichen Berg zu bringen, schwingt Victorin sich empor. 🔖 Titelseite der Originalausgabe.

„Die Natur hat tausenderlei Anstrengungen unternommen, ehe sie den Menschen hervorbrachte. Einige dieser Versuche bestehen in manchen Gattungen fort: Das sind die verschiedenen Affenarten. Andere findet man vermischt: Das sind die Tiermenschen, die ihr auf den Inseln dieser Hemisphäre gesehen habt. Es gab solche auch in anderen Teilen der Erdkugel, aber ich vermute, dass die unruhigen, pedantischen kleinen Menschen des Nordpols (die Europäer), die nichts ertragen, als was ihnen körperlich oder moralisch gleicht, alles zerstört haben, was nicht mit ihrem Begriff der Vollkommenheit übereinstimmte, möge es auch selbst vollkommener gewesen sein als sie."

NICOLAS EDMÉ RESTIF

Gemeinschaft besorgt. Alle Kinder werden gleichermaßen geliebt und ein jedes bekommt so viel Aufmerksamkeit, als wäre es ein Einzelkind.

Es gibt dort keine jagenden Tiere, weder Tiger noch Raubvögel. Die Menschen leben in Frieden mit allen anderen Geschöpfen, und oft sieht man sie in Begleitung von Ziegen oder Schafen herumtollen, als wären diese auch menschliche Wesen, oder mit einer Zentauren-Art, die, Männlein wie Weiblein, sommers gern über die grünen Weiden galoppieren und sich gemeinsam im Gras wälzen. Die menschlichen Bewohner sind

🐀 Von der Christineninsel aus entdecken die Nachkommen Victorins die südlichen Inseln, deren jede von hybriden Geschöpfen bevölkert ist. Von jeder entführen die Christiner ein Tiermenschen-Paar, um es zu erziehen und seinen tierischen Anteil zu vermindern.

Les Hommes-éléfans.

alle stark und schön, zweifellos aufgrund der reinen Luft und des Fehlens unguter Leidenschaften. Männer und Frauen leben zusammen in einem weitläufigen Gemeinschaftshaus inmitten eines herrlichen Gartens. Im heißesten Sommer bleibt das Haus wunderbar frisch, und man vertreibt sich die Zeit in einer munteren Atmosphäre. Gibt es Arbeit zu verrichten – einen Tempel oder Palast bauen oder den Garten pflegen –, legen alle gemeinsam Hand an, um die Aufgabe schnell und effektiv zu besorgen.

Weil jeder mit dem zufrieden ist, was er hat, begibt sich niemand auf die Suche nach neuen Gebieten. Die Bewohner betrachten es als Irrsinn, ihre Mittel zur Suche von etwas zu verwenden, das sie zur Genüge besitzen, und sind der Ansicht, dass die Menschen genau wie Pflanzen an dem Ort verwurzelt bleiben sollten, an dem sie geboren wurden.

Die Gesetze des Kontinents verlangen, dass bestraft wird, wer sich eines Verbrechens schuldig macht, doch sie sind ganz bewusst in äußerst einfachen Worten abgefasst. Jeder Mörder wird vom Gipfel eines Berges gestürzt; Verleumdung wird mit Ausschluss von öffentlichen Vergnügungen bestraft, Prostitution mit der Verdammung zur Keuchscheit, und Vergewaltiger müssen ihren Opfern als Sklaven dienen. Diebstahl ist unmöglich, da sämtliche Güter das Eigentum aller sind.

Dies sind die Grundprinzipien des südlichen Kontinents: Das Glück besteht in einer völligen Gleichverteilung allen Besitzes, der Mittel wie der Privilegien, und einer ausgewogenen wechselseitigen Abhängigkeit zwischen den Lenkern des Staates und seinen Angehörigen. So drückt es die neue Verfassung aus, die Victorin aufsetzen lässt: Allein die Gleichheit der Menschen ist Quelle des Glücks und infolgedessen der Tugend. Die Bewohner, „die als Brüder gleich und in einer Republik miteinander leben", werden keine eigenen Güter mehr besitzen, ihre Mahlzeiten gemeinsam einnehmen und gemäß „den wirklichen Bedürfnissen des Handwerkers und des Künstlers" bezahlt werden, nicht nach dem Wert seiner Arbeit. Die Frauen werden sich alle auf dieselbe Weise kleiden, die Beamten werden gewählt, keinerlei Privilegien, Titel oder Ämter werden erblich sein. Nur die Nachkommen Victorins behalten das exklusive vom Vater ererbte Recht, Flügel zu tragen.

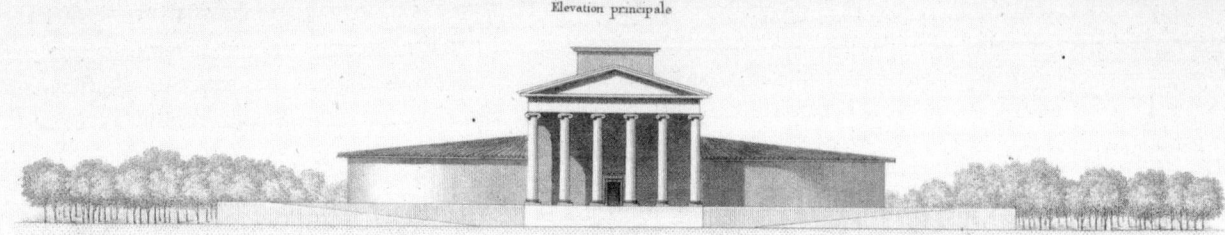

Élévation principale

Coupe

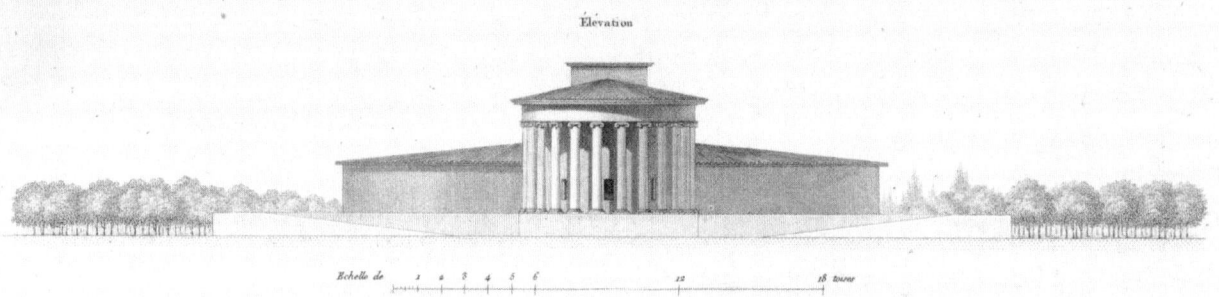

Élévation

Echelle de 1 2 3 4 5 6 10 15 toises

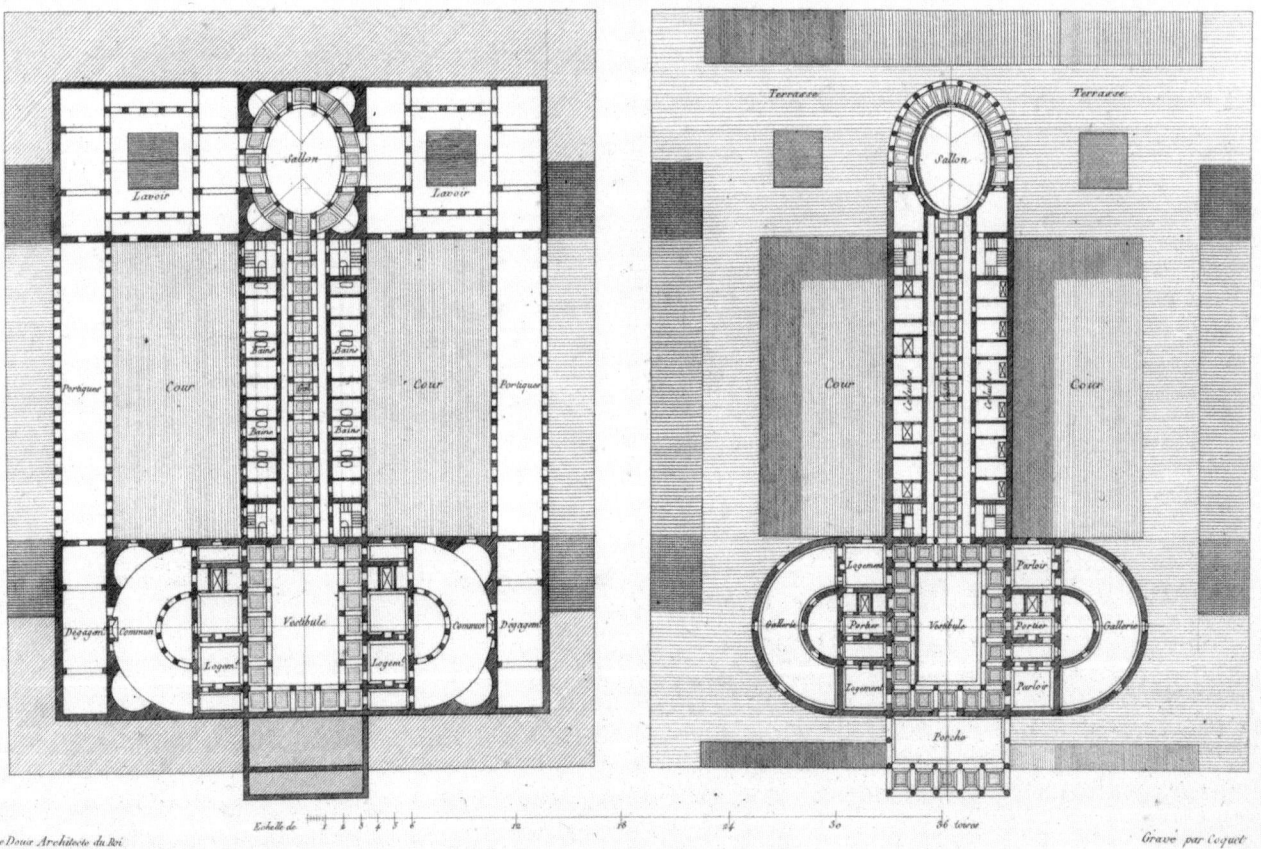

Le Doux Architecte du Roi

Echelle de 1 2 3 4 5 6 12 18 24 30 36 toises

Gravé par Coquet

CHARLES FOURIER (1772–1837)

LE NOUVEAU MONDE AMOUREUX

Manuskript: 1816; erste Auflage: Paris, 1967

Ruiniert durch die Revolution, schlägt Charles Fourier sich unter anderem als Kaufmannsgehilfe durch. Ab 1830 widmet er sich ganz seinem Werk und der Entwicklung seines „Phalansteriums", einer Produktions- und Wohngemeinschaft, die im Gegensatz zur Anarchie der Industrialisierung steht. Arbeit soll seiner Ansicht nach in Harmonie und Vergnügen verrichtet werden. Seine Visionen inspirieren viele Anhänger in Europa und anderswo und machen ihn zu einem Pionier des Sozialismus. In seiner „Neuen Liebeswelt" nimmt er zudem eine Einteilung der Leidenschaften vor, von den edelsten bis hin zu den anstößigsten. Er plädiert dafür, sie alle in geordneter Form zuzulassen und die Gesellschaft vom überkommenen Zwang der Monogamie zu befreien.

Veröffentlicht 1967, eineinhalb Jahrhunderte nach seiner Niederschrift, kann Charles Fouriers *Nouveau Monde amoureux* (Die neue Welt der Liebe) als Wegbereiter der sexuellen Revolution der 1960er-Jahre gesehen werden. Er entwirft darin eine Gesellschaft, in der die Sexualmoral überdacht und ein neues Modell zum Gefallen der Bürger eingeführt wird. In dieser Neuen Welt (oder Harmonie, wie man sie nennt) ist die Monogamie abgeschafft, alle Arten sexueller Beziehungen sollen ausprobiert werden, und die Frauen genießen in jeder Hinsicht die gleichen Freiheiten wie die Männer.

Fourier beginnt mit der Feststellung, dass die Geschlechterbeziehungen in der zivilisierten Gesellschaft im Widerspruch zu den Prinzipien der Wahrheit und des Edelmuts bestimmt und die ratlosen Männer wie

Claude-Nicolas Ledoux (1736–1806), Entwurf für den „Oikema" oder der Liebe geweihten Tempel, Ansicht, Querschnitt und Grundriss, 1775.

Frauen mit der Behauptung abgespeist werden, man könne nur mit „in den Regenbogen getauchter Feder und dem Staub von Schmetterlings-flügeln“ über die Liebe schreiben. Ebenso widersprechen die Konventionen in Liebesdingen den Grundsätzen der Treue und Ehre: Töchter belügen ihre Eltern, Frauen betrügen ihre Männer, Liebende sind einander untreu.

Fourier unterscheidet in seiner Neuen Welt fünf Ordnungen der Liebe. Die erste, einfache oder radikale, des reinen Gefühls oder des reinen Verlangens. Die zweite, zusammengesetzte oder ausgewogene Ordnung, die die beiden Elemente der Liebe, Gefühl und Verlangen, verbindet. Die dritte, polygame oder transzendente, die mehrere Beziehungen der zweiten Gattung erlaubt. Die vierte, omnigame oder einheitliche, die arrangierte Orgien sowie schändliche Orgien umfasst. Die fünfte, zwiespältige oder mehrfach gemischte, die heute aus der Mode gekommene oder nicht mehr praktizierte Arten der Liebe einschließt.

All diese Arten finden sich in dem in Harmonie entwickelten System zur Einteilung sämtlicher Liebesverbindungen, beginnend bei der Zahl der Liebesverbindungen pro Individuum, gefolgt von den Sorten und Varianten der Verbindungen und den verschiedenen daran beteiligten Gruppen. Diese Kategorisierung ist frei von jeglichem Vorurteil, und so zeigt sie die außergewöhnliche Vielfalt, Komplexität und Schönheit menschlicher sexueller Aktivität.

Köche werden hoch verehrt, da Kochen die geachtetste aller Künste ist. Von klein auf üben sich alle Kinder darin und entwickeln so große Fähigkeiten beim Zubereiten der erlesensten, gesündesten und den Sinnen schmeichelnden Speisen. Diese Kunst wird von den Spezialisten der Gastrosophie – einer Mischung aus Gastronomie und Philosophie – studiert und erhebt den Koch zu einer Art Heiligem.

Charles-François Daubigny (1817–1878), Ansicht eines Phalansteriums
nach der Gesellschaftstheorie Fouriers, Lithografie, 1847.

LÉGENDE.

A. Grande place de parade au centre du **Phalanstère**.

B. Jardin d'hiver, planté d'arbres verts, environné de serres chaudes, etc.

C. D. Cours intérieures de service, avec arbres, jets d'eau, bassins, etc.

E. Grande entrée, grand escalier, tour d'ordre, etc.

F. Théâtre. G. Église.

H. I. Grands ateliers, magasins, greniers, hangars, etc.

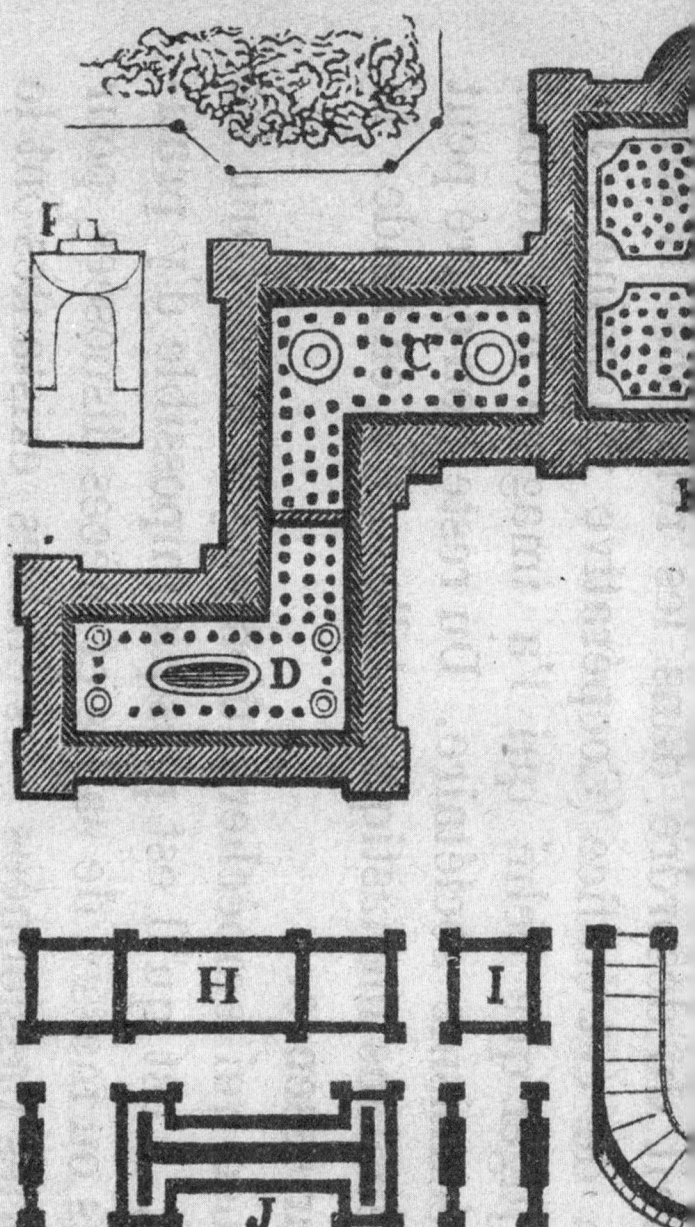

PLAN D'UN

Ou Palais habité par

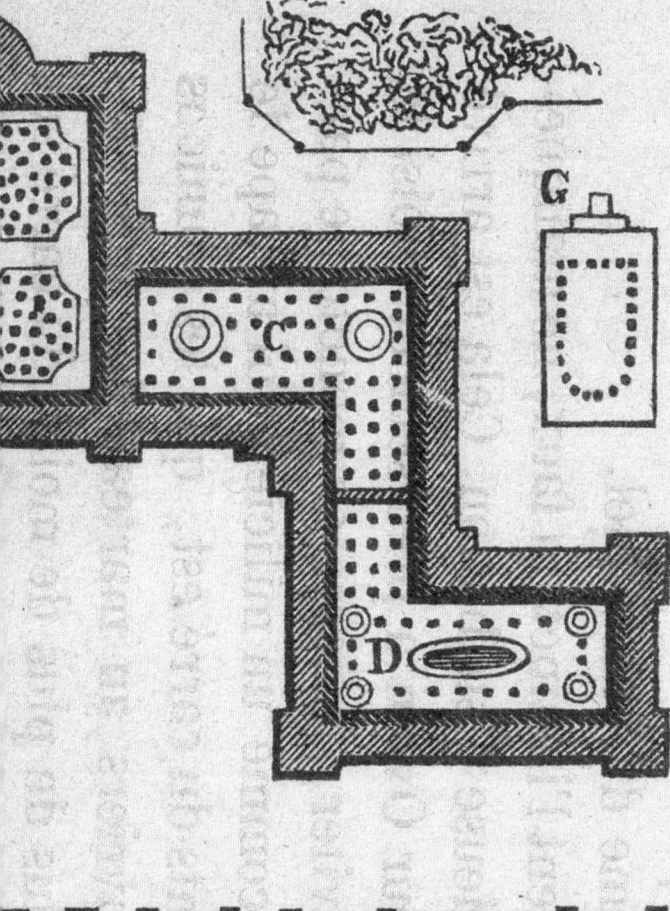

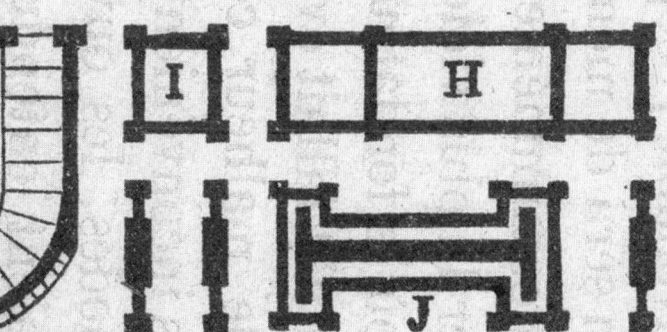

LANSTÈRE

Phalange industrielle.

LÉGENDE.

J. Étables, écuries et bâtiments ruraux.

K. Basse-cour

NOTA. Les bâtiments ruraux auront généralement un développement plus considérable que celui de la figure. — La grande route passe entre le palais d'habitation et les bâtiments d'exploitation. — La rue-galerie est figurée le long des faces intérieures du Phalanstère.

Plan eines Phalansteriums
Oder von einer industriellen Phalanx bewohnte Gebäude

A. Paradeplatz im Zentrum des Phalansteriums
B. Wintergarten mit Bäumen, umgeben von beheizten Gewächshäusern, etc.
C. D. Innenhöfe der Arbeitsgebäude mit Bäumen, Wasserfontänen, Becken, etc.
E. Haupteingang, Haupttreppe, Turm, etc.
F. Theater
G. Kirche
H. I. Werkstätten, Lager, Speicher, Schuppen, etc.
J. Ställe, Pferdeställe und landwirtschaftliche Gebäude
K. Hühnerhof
Anmerkung: Die landwirtschaftlichen Gebäude sind im Verhältnis bedeutend größer als auf der Darstellung. – Die Hauptstraße verläuft zwischen dem Wohngebäude und den Wirtschaftsgebäuden. – Die Galerie wird innen entlang der Fassaden des Phalansteriums geführt.

Owens Vision von New Harmony. Lithografie von F. Bate, London, 1838.

ROBERT OWEN (1771–1858)

PROPOSITIONS FONDAMENTALES DU SYSTÈME SOCIAL

Paris, 1837

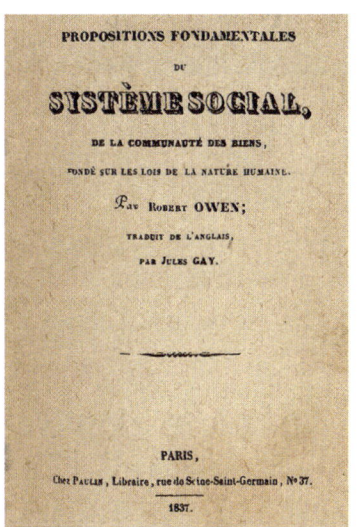

PROPOSITIONS FONDAMENTALES
DU
SYSTÈME SOCIAL,
DE LA COMMUNAUTÉ DES BIENS,
FONDÉ SUR LES LOIS DE LA NATURE HUMAINE.
Par ROBERT OWEN;
TRADUIT DE L'ANGLAIS,
PAR JULES GAY.

PARIS,
Chez PAULIN, Libraire, rue de Seine-Saint-Germain, N° 37.
1837.

Sehr jung wird Robert Owen Eigentümer einer großen Baumwollspinnerei in Schottland. Als philanthropischer Industrieller führt er Neuerungen ein, um die Lebens- und Arbeitsbedingungen der Beschäftigten zu verbessern. *A New View of Society* erscheint 1813 in London. Er findet mit seiner Idee zur Bildung unabhängiger Kommunen kein Gehör und geht 1824 in die USA.

Dort versucht er seine auf dem Gleichheitsprinzip basierende Siedlung New Harmony zu gründen, wovon die zwischen 1828 und 1830 erscheinende Zeitschrift *The New-Harmony Gazette* zeugt. Doch auch dieses visionäre Projekt misslingt. Trotz aller Enttäuschungen bleibt Owens Einfluss auf Étienne Cabet und den Sozialismus beträchtlich.

824 gründete der Sozialreformer Robert Owen am Wabash River in Indiana die Kolonie New Harmony. 2010 zählte sie 789 Einwohner. Eine Gruppe deutscher Lutheraner hatte die 20.000 Morgen Land 1814 für zwei Dollar den Morgen erstanden und darauf die Stadt Harmony oder Harmonie erbaut, jedoch 1824 beschlossen, wieder zurück nach Pennsylvania zu ziehen. Owen kaufte die Siedlung, taufte sie um in

Deckblatt der französischen Ausgabe von *Propositions fondamentales du système social* (Grundlegende Vorschläge für ein soziales System), 1837.

New Harmony und errichtete dort eine Gemeinschaft im Widerspruch zu den „jüdischen, buddhistischen, christlichen und muslimischen" Lehren, die Owen für kolossalen Unsinn hielt. Denn das alte Gesellschaftssystem wurde stets durch bestimmte, als Religion verbrämte Ideen beeinflusst, die in allen Ländern „den Tatsachen entgegengesetzt" sind, „und alles Denken wurde infolgedessen mehr oder weniger vernunftwidrig".

In Wahrheit, schreibt Owen, „ist die menschliche Natur auf eigentümliche Weise das, wozu sie die sie erschaffende Kraft geformt hat, sodass der Mensch weder physisch noch geistig seinen eigenen Willen oder seinen eigenen Charakter hervorbringt. Im Wissen um diese Tatsache kann er sich jedoch mit der Natur der Umstände, die ihn erzeugt haben, bekannt machen, damit er die Folgen, die sie für die menschliche Natur haben, versteht und so in die Lage versetzt wird, „alle Umstände, die unter seiner Kontrolle sind, so zu leiten, dass sie ihm und der nachfolgenden Generation zum Vorteil gereichen". So kann der Mensch ein neues System begründen, „mit einem höheren Grad an Vortrefflichkeit und Glück", die der Menschheit von da an und auf Dauer sicher wären. „Da er sehr bald feststellen wird, dass, was immer zur Ungleichheit in der Menschheit führt, notwendigerweise im Unglück endet, wird er aufhören, sich als besonderes Wesen zu fühlen oder zu wünschen, ein Individuum in irgendeinem Teil der Welt solle nicht das besitzen, was immer zu seinem Wohlbefinden und Glück beitragen kann."

Topografische Karte von New Harmony, Indiana, USA, 1903.

Owens erklärtes Ziel ist es, die Gesellschaft auf eine völlig neue Stufe zu heben, sie von einem ignoranten und egoistischen in ein aufgeklärtes soziales System zu verwandeln, das nach und nach alle Interessen in einem einzigen vereinen und jegliche Gründe für Streitigkeiten zwischen den Individuen beseitigen werde. Solange das individuelle System nicht abgeschafft sei, versichert er, werde man vergeblich auf die geringste grundlegende und dauerhafte Verbesserung der Lage der Menschheit hoffen.

Robert Owen verließ New Harmony nach knapp zwei Jahren wieder, doch der Ort wurde als Zentrum moderner Bildung und Wissenschaft berühmt: Hier entstand die erste öffentliche Bibliothek Amerikas, und an den Schulen der Stadt erhielten Jungen wie Mädchen gleichberechtigt und kostenlos Unterricht.

In den 1830er-Jahren begegnete Owen Étienne Cabet, diskutierte mit ihm über seine Idee, die Gesellschaft nach gemeinschaftlichen oder kommunistischen Prinzipien umzugestalten, und regte ihn so zum Entwurf seiner utopischen Kommune Ikarien an.

VOYAGE

EN

ICARIE

PAR

M. CABET.

—

FRATERNITÉ.

Tous pour chacun.   ◎   **Chacun pour tous.**

SOLIDARITÉ	AMOUR	ÉDUCATION
ÉGALITÉ—LIBERTÉ	JUSTICE	INTELLIGENCE—RAISON
ÉLIGIBILITÉ	SECOURS MUTUEL	MORALITÉ
UNITÉ	ASSURANCE UNIVERSELLE	ORDRE
PAIX.	ORGANISATION DU TRAVAIL	UNION.

MACHINES AU PROFIT DE TOUS
AUGMENTATION DE LA PRODUCTION
RÉPARTITION ÉQUITABLE DES PRODUITS
SUPPRESSION DE LA MISÈRE
AMÉLIORATIONS CROISSANTES

Premier droit,   MARIAGE ET FAMILLE   *Premier devoir,*
Vivre.   PROGRÈS CONTINUEL   *Travailler.*
ABONDANCE
ARTS.

A chacun   ◎   **De chacun**
suivant ses besoins.   **suivant ses forces.**

BONHEUR COMMUN.

PARIS

AU BUREAU DU POPULAIRE, RUE JEAN-JACQUES-ROUSSEAU, 14.

Dans les Départements et à l'Étranger, chez les Correspondants du POPULAIRE

1845

VOYAGE EN ICARIE

Paris, 1842

Der französische Anwalt Étienne Cabet schließt sich während der Restauration dem Geheimbund der Charbonnerie an. Seine immer radikalere oppositionelle Position zwingt ihn 1834 ins Exil nach England. Dort veröffentlicht er 1840, zunächst anonym und unter einem anderen Titel, sein Hauptwerk, *Reise nach Ikarien*, ehe es 1842 in Paris erscheint. Er unterstützt die Revolution von 1848 und versucht anschließend in Texas und Illinois sein Ikarien zu verwirklichen. Zwar erweist sich dieses Projekt für ihn als Enttäuschung, überlebt ihn aber dennoch: Die siebte und letzte auf seinem Modell basierende Gemeinschaft löst sich Ende des 19. Jahrhunderts auf.

Unter den Utopien des 19. Jahrhunderts war Étienne Cabets *Reise nach Ikarien* die einflussreichste. In Frankreich hatte sie zahlreiche Anhänger: Über 50.000 Menschen erklärten sich in Reims, Lyon, Nantes, Toulouse und Toulon zu Ikariern und Cabet zu ihrem Messias. Da er fand, dass Frankreich nicht die idealen Bedingungen zur Gründung einer ikarischen Kolonie böte, organisierte Cabet 1848 die Reise einer größeren Gruppe Ikarier in die USA, um dort in Texas, Illinois, Iowa, Missouri und Kalifornien mehrere Siedlungen aufzubauen. Obwohl es in der Bewegung bezüglich der Umsetzung der ikarischen Lehren immer wieder zu Konflikten und Brüchen kam, überlebten einige

Étienne Cabet, *Voyage en Icarie*, Titelseite der Ausgabe von 1845.

„Jedem nach seinem Bedarf.
Jeder nach seinen Kräften."

ÉTIENNE CABET

der Gemeinschaften mehrere Jahrzehnte lang. Die letzte, in der Nähe von Corning, Iowa, löste sich erst 1898 auf und war damit eines der langlebigsten nichtreligiösen Gemeinschaftsexperimente in der US-amerikanischen Geschichte.

Cabets Ikarien ist eine glühende Verteidigung der Segnungen eines genossenschaftlichen industriellen Systems. Nachdem er eine Reihe von politischen Theorien von Platon bis zu den Utopisten des 19. Jahrhunderts in Augenschein genommen hat, gelangt er zu der Überzeugung, dass nur eine gemeinschaftliche Organisation wie die seines Ikarien einer Gesellschaft zu Wohlstand und Gerechtigkeit verhelfen kann.

Die Ikarier führen ein friedliches und glückliches Leben, sie haben zahlreiche Beschäftigungen jeder Art und vielfältige Begabungen, ihr Erziehungssystem ist sehr wirksam, und sie können sich rühmen, hehre moralische Überzeugungen zu pflegen und sich für politische Freiheit ebenso einzusetzen wie für die Gleichstellung der Geschlechter. Eheschließung wird in der Gemeinschaft ausdrücklich befürwortet, und da die Partnerwahl frei von äußeren Zwängen erfolgt und alle jungen Männer und Frauen zu guten, rücksichtsvollen Menschen erzogen wurden, gibt es keinerlei Grund für Scheidung oder Ehebruch.

1782 brachte der Revolutionsheld Ikar sein Volk dazu, die Herrschenden zu stürzen und eine gemeinschaftliche, basisdemokratische Gesellschaft zu gründen. Alle Religionen werden toleriert, doch kommt kein Kind mit ihnen in Berührung, ehe es 16 oder 17 Jahre alt ist. Erst dann wird es von seinem Philosophielehrer in den zahlreichen auf der Welt

Die letzten Ikarier, Corning, Iowa, USA, 1887.

existierenden Religionen unterrichtet, aus denen es anschließend jene auswählen kann, die es bevorzugt. Die allgemeine Religion ist im Grunde nichts als ein moralisches oder philosophisches System, das nur dem Zweck dient, „die Menschen zu brüderlicher Liebe gegeneinander zu stimmen, indem sie ihnen als Regeln ihres Betragens die folgenden drei Grundsätze vorschreibt: Liebe deinen Nebenmenschen wie dich selbst. Füge keinem anderen das Böse zu, was du nicht wolltest, das er dir zufüge. Erzeige den andern alles Gute, das du dir selbst wünschest."

SOLUTIONS SOCIALES

Paris, 1871

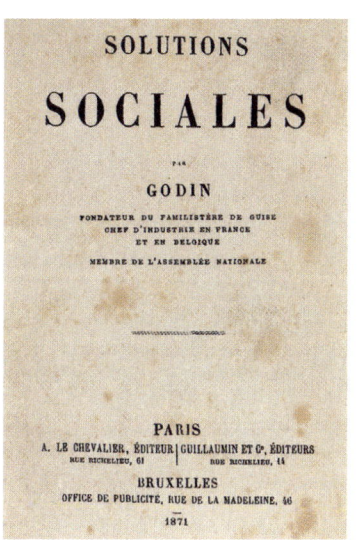

Der Industrielle Jean-Baptiste André Godin ist Eigentümer einer Fabrik für gusseiserne Öfen in Guise, im nordfranzösischen Departement Aisne. Um 1856 herum beschließt er, die Fabrik in ein „Familistère" zu verwandeln, indem er auf dem umliegenden Gelände Wohnungen und eine Infrastruktur errichtet.
Er ist Autor eines umfangreichen, aber wenig beachteten Werkes, darunter *Solutions sociales* (Soziale Lösungen), worin er seine Ziele und sein Projekt erläutert. Sein Traum ist „eine Gesellschaft, in der sich die Leidenschaften frei entfalten und so zu großer persönlicher und kollektiver Harmonie führen. Die ausschließlich aus freien Stücken ausgeübte Arbeit bietet dem Einzelnen die Möglichkeit, sich gemäß seiner Vorlieben zu verwirklichen; als Lohn werden die Betriebserträge gerecht verteilt."

Mit elf Jahren verlässt Jean-Baptiste André Godin die Schule, um in der Schlosserwerkstatt seines Vaters zu arbeiten. Beeinflusst durch Fourier, schwebt Godin eine Gemeinschaft vor, in der die Arbeiter ein gesünderes und glücklicheres Leben führen könnten und gleichzeitig Produktion und Handel verbessert würden. Von 1856 bis 1859 plant er die Wohnanlage, genannt Familisterium oder Sozialpalast,

 Kinderfest im Familisterium von Guise, 1909. Frontispiz der Ausgabe von 1871.

Gesamtansicht des Familisteriums, Lithografie in der Originalausgabe
der *Solutions sociales*, 1871.

„Als Herr über seine Zeit
erlangt der Arbeiter seine Würde wieder."

Jean-Baptiste André Godin

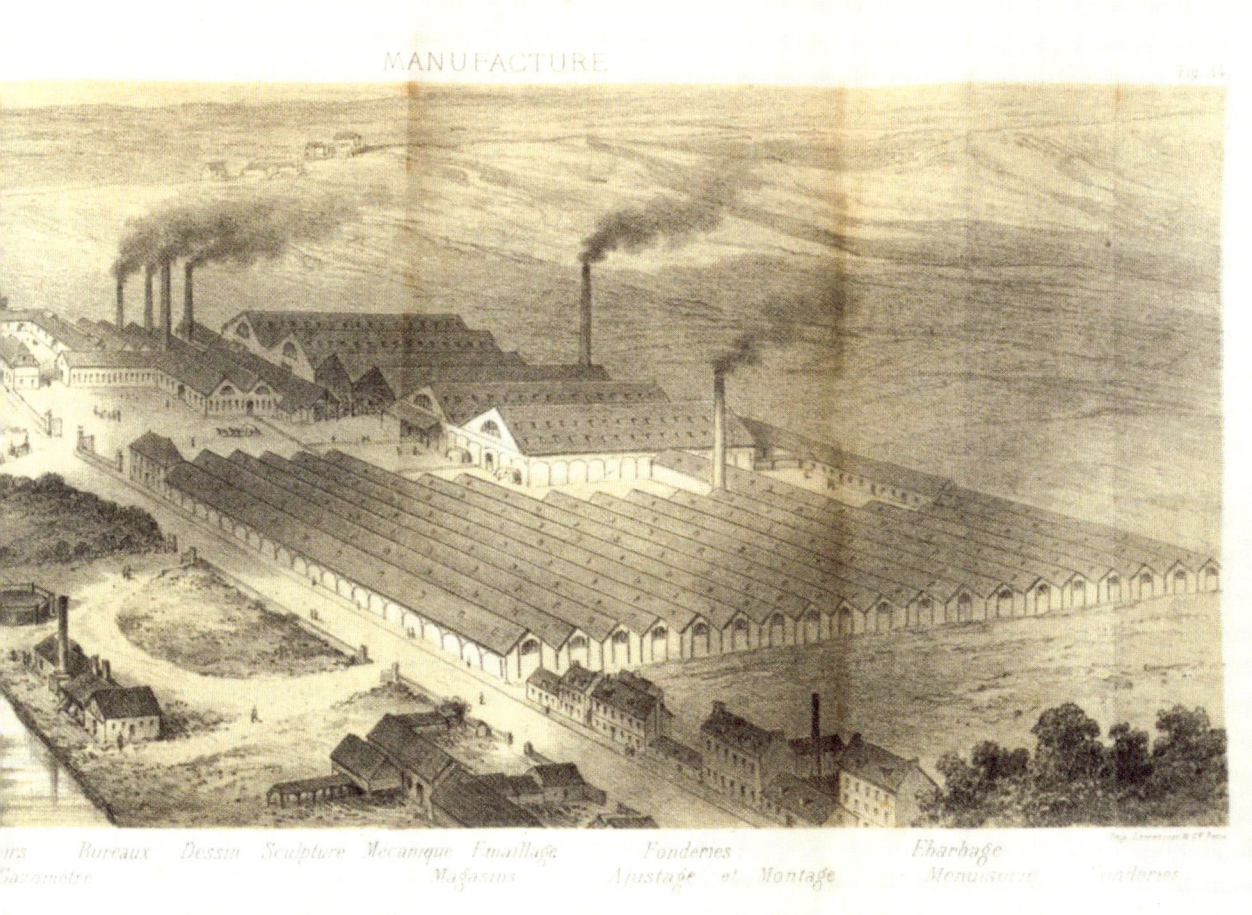

als unabhängige Gemeinschaft innerhalb der Stadt Guise, in der das, was Godin „soziale Anteilnahme" nennt, gefördert werden sollte. Das gesamte Gelände einschließlich der Ofenfabrik umfasst eine Fläche von beinahe 18 Morgen zu beiden Seiten der Oise.

Den Hauptteil der Anlage für die 900 Arbeiter und ihre Familien bilden drei an ihren Ecken verbundene, ein offenes Rechteck umschließende Wohnhäuser, die jeweils einen mit einem Glasdach bedeckten Innenhof und umlaufende, zu den einzelnen Wohnungen der oberen Etagen führende Galerien besitzen. Die Kinder können bei jedem Wetter im Hof spielen und die Arbeiter ihre Freizeit in einem der zahlreichen Kleingärten nutzen. Hinter dem Hauptgebäude befinden sich die Kinderkrippe

Die Kinderkrippe, um 1900.

und der Kindergarten, gegenüber ein Theater, in dem Konzerte und Bühnenstücke aufgeführt werden, sowie die Grundschule. Da es in der Stadt Guise mehrere Kirchen gibt, wurde auf dem Gelände keine eigens für das Familisterium errichtet. In einem gesonderten Komplex auf der gegenüberliegenden Flussseite liegen die gemeinsame Wäscherei, die Bäder und das Schwimmbad, die von der Fabrik mit warmem Wasser versorgt werden. Ein weiteres Gebäude, genannt Verkaufsstelle, beherbergt kleine Handwerksläden, Restaurants und Freizeiträume sowie Warenhäuser, in denen man alle möglichen Produkte für wenig mehr als den Großhandelspreis bekommt. Die Läden werden von den Arbeitern verwaltet, die Waren in Kellern gelagert. Die Anlage ist heute für Besucher geöffnet. Die ehemalige Wäscherei wurde vor Kurzem in einen Versammlungsraum umgewandelt, der Trockenraum in einen Ausstellungssaal.

Godins Philosophie lässt sich in seinen eigenen Worten zusammenfassen: „Erschafft für das Volk die Mittel zu seinem Wohlstand, und ihr werdet die Mittel für seine Macht und Selbstbestimmung erschaffen haben."

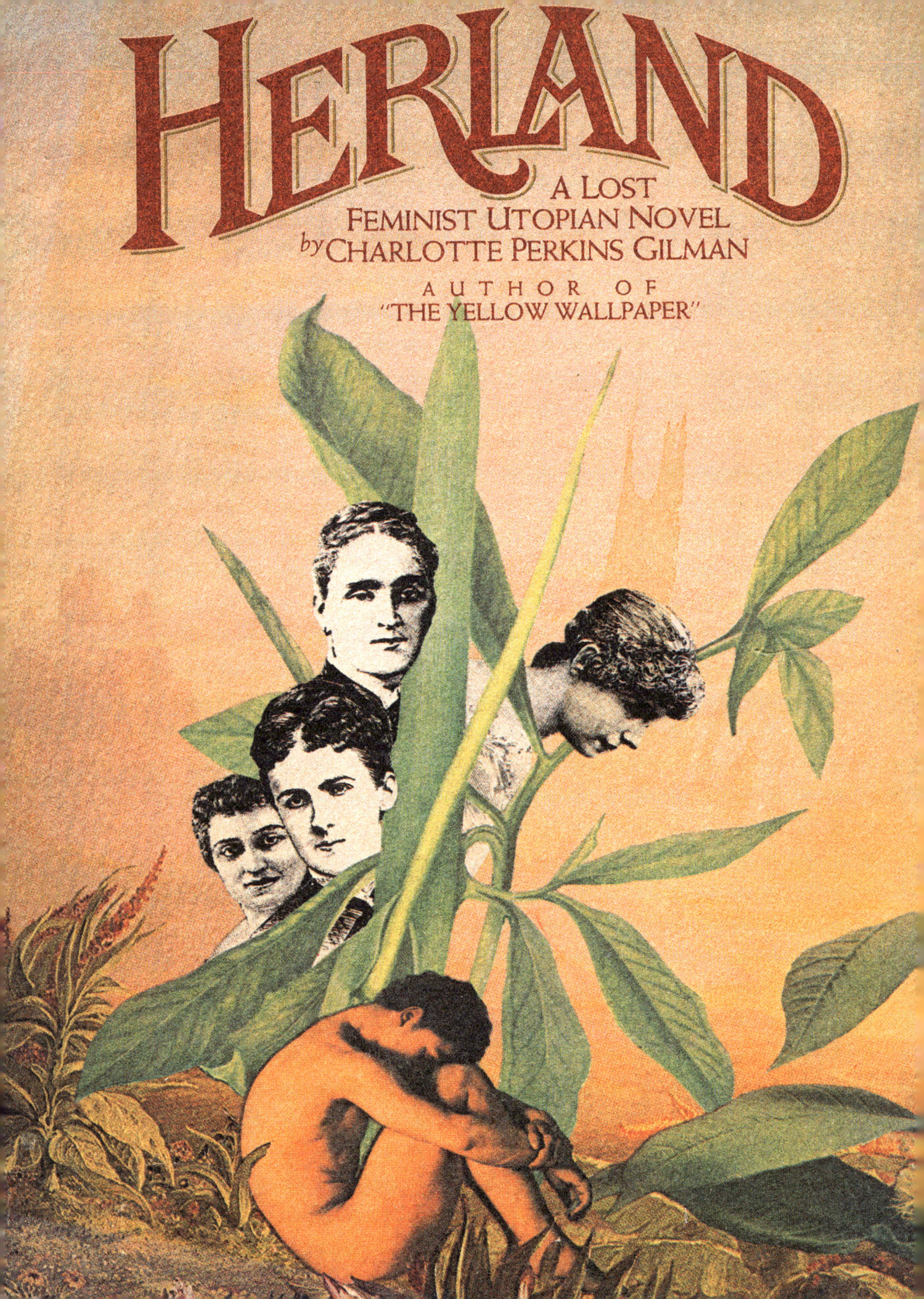

Herland

A LOST
FEMINIST UTOPIAN NOVEL
by CHARLOTTE PERKINS GILMAN

AUTHOR OF
"THE YELLOW WALLPAPER"

CHARLOTTE PERKINS GILMAN (1860–1935)

HERLAND

New York, 1915

Charlotte Perkins Gilman bringt sich mit fünf Jahren selbst das Lesen bei. An allem interessiert, liest sie über Naturwissenschaften und alte Zivilisationen. Ihre erste Ehe endet in Scheidung, eine Seltenheit im Amerika des 19. Jahrhunderts. Sie schließt sich Reformbewegungen und Aktivistenzirkeln an. Ihre autobiografisch geprägte Erzählung *Die gelbe Tapete* ist ein Hauptwerk der frühen feministischen Literatur. 1915 schreibt sie *Herland*, das zunächst als Fortsetzungsroman in der von ihr selbst herausgegebenen Zeitschrift *The Forerunner* erscheint. Darin beschließen der junge Soziologiestudent Vandick „Van" Jennings und zwei Freunde, sich auf die Suche nach dem sagenumwobenen Frauenland zu machen.

Herland ist eine friedliche Gesellschaft, die nur aus Frauen besteht, welche mit ihren kurz geschnittenen Haaren und ihrer schlichten Kleidung für Außenstehende recht maskulin wirken. Sie sind sehr muskulös und geschickt. Die Bewohnerinnen des Frauenlandes vermehren sich durch Parthenogenese und benutzen ganz bewusst eine einfache Sprache, die sie im Laufe der Zeit ihren Töchtern zuliebe von der Komplexität hin zur Klarheit entwickelt haben, da sie der Ansicht sind, dass die Erziehung der Kinder ihre wichtigste Aufgabe ist. „Die Kinder",

Umschlag von *Herland*, Pantheon Books, 1979. Cover der Zeitschrift *The Forerunner*, in der *Herland* 1915 veröffentlicht wurde.

so sagen die Frauen, „sind in diesem Land der Mittelpunkt und Brennpunkt all unserer Gedanken. Jeder Schritt, den wir vorangehen, wird immer nach seinen Auswirkungen auf die Kinder (...) beurteilt." Ihre pädagogischen Methoden, mit denen sie in kürzester Zeit außergewöhnliche Resultate erzielen, ähneln denen der berühmten italienischen Ärztin und Erzieherin Maria Montessori. Nachdem die Mutter ihr Kind ein Jahr lang gestillt hat, vertraut sie es der liebevollen Pflege der gesamten Gemeinschaft an. Jedes Mädchen bekommt nur einen ganz eigenen Vornamen, der ihm historische Einzigartigkeit verleiht, ohne durch einen Nachnamen irgendein mütterliches Vorrecht zu bestärken.

Die Bewohner des Frauenlandes sind Meisterinnen der selektiven Zucht, nicht nur bei Obst und Gemüse, sondern auch bei ihren Katzen, die sie dazu gebracht haben, nur noch Mäuse, aber keine Vögel mehr zu fangen. Darüber hinaus haben sie sich im Laufe der Jahrhunderte bemüht, Mädchen mit kriminellen Anlagen davon abzubringen, sich fortzupflanzen, oder haben deren Babys, wenn sie doch welche bekamen, von andern Müttern erziehen lassen.

Arbeit wird als Vergnügen angesehen, und alle Bewohnerinnen des Frauenlandes erfüllen die ihnen übertragenen Aufgaben gern. Sie glauben nicht an Konkurrenzkampf als Stimulus für die Produktivität, weil sie überzeugt sind, dass jede Mutter auch ohne diesen Anreiz für das Wohl ihrer Kinder arbeiten würde. Die „Mutterschaft der Menschen", wie sie es nennen, beherrscht alles und ermutigt zu universeller Schwesternschaft wie zu einem tiefen Zusammenhalt, der die gesellschaftliche Entwicklung fördert. Sie huldigen Maaia, der Göttin der Mütter, seit die Erste von ihnen allein durch den innigen Wunsch nach einem Kind schwanger wurde und so das neue Geschlecht der zur Parthenogenese fähigen Frauen und damit das Volk des Frauenlandes begründete: Sie bekam fünf Töchter, welche ihr 25 Enkelinnen und diese wiederum 125 Urenkelinnen schenkten, ehe sie hundertjährig starb.

ISLANDIA

New York, 1942

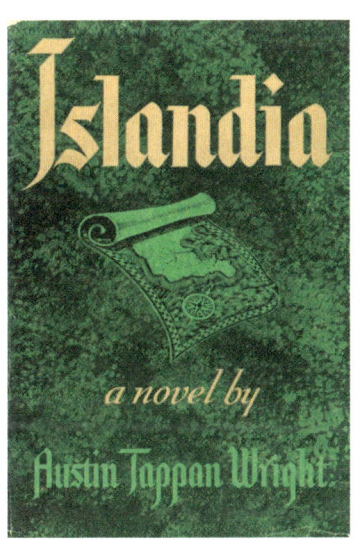

Austin Tappan Wright studiert Recht in Harvard und arbeitet als Jurist sowie Jura-Dozent in Berkeley. Neben Artikeln für juristische Fachzeitschriften veröffentlicht er zu Lebzeiten nur einen literarischen Text, die Kurzgeschichte *1915?*, in *The Atlantic Monthly*, 1915. Privat arbeitet er an einer großen utopischen Erzählung. Dieses ehrgeizige, an Tolkien und C. S. Lewis gemahnende Werk, wird elf Jahre nach seinem Tod unter dem Titel *Islandia* von seiner Tochter herausgegeben. Das tausend Seiten umfassende Buch beschreibt die Geografie, Sprache, Religion und Geschichte eines imaginären Subkontinents im Südpazifik. In dem utopischen Roman formuliert der Autor seine Kritik an der Industriegesellschaft, der puritanischen Moral und der wirtschaftlichen Gier seiner Zeit.

Als Kind träumte der amerikanische Jurist Austin Tappan Wright von einer eigenen Welt, der er den Namen Islandia gab. Diese siedelte er am südlichsten Ende des Halbkontinents Karain an, in der Nähe der eisigen und einsamen Weiten der Antarktis, und sammelte dann für den Rest seines Lebens Informationen zu allen erdenklichen Aspekten dieses Landes. Als Wright 1931 starb, enthielten die „Islandia Papers" eine komplette und detaillierte Geschichte des Landes samt Auskünften zu seiner Geografie, Genealogie, Literatur, Sprache und Kultur. Dieses umfassende (niemals vollständig veröffent-

 Islandia, Cover der ersten Ausgabe, New York, 1942.

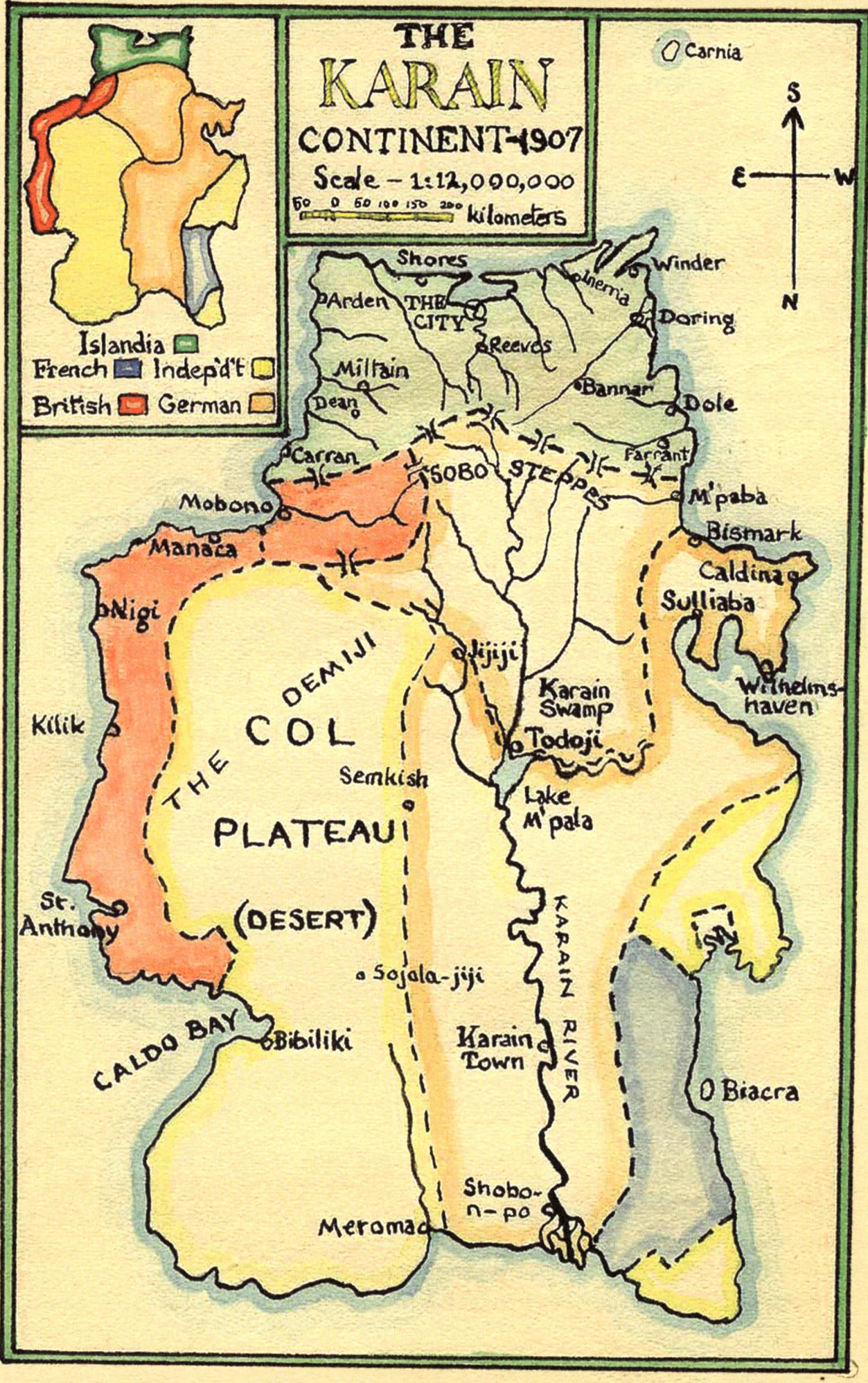

THE KARAIN
CONTINENT·1907
Scale — 1:12,000,000

50 0 50 100 150 200 kilometers

S
E — W
N

Islandia 🟩
French 🟦 Indep'd't 🟨
British 🟥 German 🟧

○ Carnia

Shores
Winder
○ Arden
Volnerra
THE CITY
Doring
Miltain
Reevos
Dean
Bannar
Dole
Carran
Farrant
TSOBO STEPPES
M'paba
Mobono
Bismark
Manaca
Caldina
o Nigi
Sulliaba
Jijiji
THE DEMIJI
Karain
Swamp
Wilhelms-haven
Kilik
COL
Todoji
Semkish
Lake
M'pala
PLATEAU
(DESERT)
St. Anthony
KARAIN RIVER
o Sojala-jiji
CALDO BAY
Karain Town
o Bibiliki
O Biacra
Shobo-n-po
Meromad

lichte) Material befindet sich in der Houghton Library der Harvard University.

Mag die Gesellschaft Islandias nach modernen Kriterien auch technisch rückständig anmuten, so ist sie doch auf den Gebieten der Soziologie, Psychologie und Ökologie sehr fortschrittlich. Es ist eine ländliche Gesellschaft, und alle Bürger achten die Natur. Jeder, auch die Angehörigen höherer Klassen, engagiert sich für das Gemeinwesen und verrichtet irgendeine nützliche Arbeit.

Die Islandier lehnen die frenetische Betriebsamkeit der westlichen Welt und einen großen Teil der modernen Technologien ab. Man kann ihre Gesellschaftsordnung am besten als „aufgeklärten Hedonismus" beschreiben. Sie haben keine Eisenbahn, da sie sich lieber in gemäßigtem Tempo bewegen, doch verfügen sie über Gewehre und Singer-Nähmaschinen.

Ihre Sprache ist reich und komplex. Zum Beispiel kennen sie vier Worte für „Liebe":

Alia: Liebe zu einem Ort, zu Heimat und Familie;

Amia: Freundesliebe;

Ania: Wunsch nach Heirat und Verantwortung;

Apia: Sexuelle Anziehung.

Die islandische Kultur ist der der meisten Länder der Welt weit voraus. Das islandische Wort für Stadt, *elainry*, bedeutet wörtlich „Ort vielerlei Leute", und jedermann, egal ob arm oder reich, hat dieselben Rechte. So werden zum Beispiel Prostituierte wieder in die Gesellschaft eingegliedert. Für Fremde ist es jedoch schwierig, nach Islandia einzuwandern, da dort das „Gesetz der Hundert" gilt, welches besagt, dass sich nicht mehr als hundert Besucher auf einmal in dem Land befinden dürfen. Diese Maßnahme hat dazu beigetragen, die Sitten und friedliche Lebensart Islandias zu erhalten, die es für die Bewohner anderer Nationen so interessant machen.

Karte des Halbkontinents Karain mit Islandia im Süden (oben). Aquarell, um 1940.

DECLARATION OF NUTOPIA

We announce the birth of a conceptual country, NUTOPIA.

Citizenship of the country can be obtained by declaration of your awareness of NUTOPIA.

NUTOPIA has no land, no boundries, no passports, only people.

NUTOPIA has no laws other than cosmic.

All people of NUTOPIA are ambassadors of the country.

As two ambassadors of NUTOPIA, we ask for diplomatic immunity and recognition in the United Nations of our country and its people.

John Ono Lennon
Yoko Ono Lennon

Nutopian Embassy
One White Street
New York, N.Y. 10013

April 1st, 1973

New York, 1973

John Lennon, der Sänger der *Beatles*, lernt Yoko Ono 1966 in London anlässlich einer Ausstellung der japanischen Künstlerin und Menschenrechtsaktivistin kennen. Für die Performance *Bed-Ins for Peace* verbringt das Paar 1969 aus Protest gegen den Vietnamkrieg eine Woche im Bett. 1973 verkünden Ono und Lennon in einer Pressekonferenz die Gründung des Konzept-Landes Nutopia. Ihre Wohnung im New Yorker Dakota Building erklären sie zur „Nutopischen Botschaft". Beim Betreten dieses Gebäudes wird Lennon einige Jahre später von einem Bewunderer, dem er wenige Stunden zuvor noch ein Autogramm gegeben hatte, erschossen.

Am 1. April 1973 stellten John und Yoko auf einer Pressekonferenz in New York das Konzept-Land Nutopia vor, dessen „Internationale Hymne" – bestehend aus drei Sekunden Stille – das Paar etwas später auf seinem Album *Mind Games* veröffentlichte. Nutopia ist ein Land ohne Grenzen, ohne Pässe für die Bürger. Seine Flagge ist ein weißes Stofftaschentuch, was von einigen Zeitgenossen kritisiert wurde, da dies zu sehr an den Akt der Kapitulation erinnere. Die beiden Gründer hingegen versicherten, man könne „den Frieden nicht erkämpfen, sondern sich ihm nur ergeben". Nutopia hat keine Gesetze außer den kosmischen, und jeder, ungeachtet seines Geschlechts, seiner Hautfarbe oder seines Glaubens, kann Nutopia die Treue schwören und damit seine Absicht bekunden, nach den Idealen von Lennons Song *Imagine* zu leben. Nutopia beantragte, von der UN als Land anerkannt zu werden, fand jedoch kein Gehör.

Declaration of Nutopia, New York, 1973.

An einer Tür zur Wohnung des Paares im New Yorker Dakota Building befand sich eine goldene Plakette, die den Ort zur Nutopischen Botschaft erklärte. Yoko bemerkte, dass Besucher die Wohnung nun lieber durch diese Tür betraten, als habe „das Schild die Küchentür in unsere neue Eingangstür verwandelt". Yoko und John ernannten sich zu Botschaftern Nutopias, um diplomatische Immunität zu bekommen und Johns Einwanderungsprobleme zu lösen. Yoko besaß dank ihrer vorigen Ehe bereits eine Greencard, während John die unbegrenzte Aufenthaltsgenehmigung verweigert worden war.

Am 1. April 2015, dem 27. Jubiläum der Gründung Nutopias, schrieb Yoko Ono:

Nutopia ist ein Land, das in uns allen existiert.
Wir alle repräsentieren Nutopia.
Am heutigen Geburtstag Nutopias
Lasst uns alle in Gedanken die weiße Fahne oder ein Taschentuch
    schwenken
Und sagen, „ich liebe alles an mir", und viel Spaß haben.
Denn wir haben es verdient.
Jeder von uns.
Botschafter Nutopias,
Denkt Frieden, handelt Frieden, verbreitet Frieden und erinnert die Leute
    daran, sich FRIEDEN VORZUSTELLEN.
Sehr bald wird die ganze Welt verstehen, dass wir alle Nutopier sind.
Gemeinsam werden wir den anderen Planeten zeigen, dass es das ist, was
    hier auf unserem Planeten geschieht –
Dass wir alle zusammen sind und in Frieden leben.

Selbstporträt des Roboters Curiosity auf dem Mars.

LITERATURHINWEISE

Aus folgenden Werken wurde zitiert. Dabei wurden die Zitate der aktuellen Rechtschreibung angepasst.

Alighieri, Dante: *Göttliche Komödie*. Übers. und erl. v. Karl Streckfuß. Leipzig: Philipp Reclam jun. 1876.

Bacon, Francis: *Neu-Atlantis*. In: Thomas Morus, Tommaso Campanella, Francis Bacon, *Der utopische Staat. Utopia. Sonnenstaat. Neu-Atlantis*. Hrsg. u. übers. v. Klaus J. Heinisch. Reinbek bei Hamburg: Rowohlt [30]2011. © für die deutsche Übersetzung von Klaus J. Heinisch: Rowohlt Taschenbuch Verlag GmbH Reinbek bei Hamburg 1960.

Bergerac, Cyrano de: *Reise zum Mond*. Übers. v. Martha Schimper. Frankfurt am Main: Insel Verlag [8]1991. © Insel Verlag Frankfurt am Main und Leipzig 1999.

Cabet, Étienne: *Reise nach Ikarien*. Übers. v. Dr. Wendel-Hipper. Berlin: Karin Kramer Verlag 1979.

Campanella, Tommaso: *Sonnenstaat*. In: Thomas Morus, Tommaso Campanella, Francis Bacon, *Der utopische Staat. Utopia. Sonnenstaat. Neu-Atlantis*. Hrsg. u. übers. v. Klaus J. Heinisch. Reinbek bei Hamburg: Rowohlt [30]2011. © für die deutsche Übersetzung von Klaus J. Heinisch: Rowohlt Taschenbuch Verlag GmbH Reinbek bei Hamburg 1960.

Cavendish, Margaret: *Die gleißende Welt*. Übers. v. Virginia Richter. München: scaneg 2001. Mit freundlicher Genehmigung des Verlags.

Fourier, Charles: *Aus der neuen Liebeswelt. Über die Freiheit in der Liebe*. Ausgew. und eingel. v. Daniel Guerin. Übers. v. Eva Modenhauer. Berlin: Verlag Klaus Wagenbach 1977. Mit freundlicher Genehmigung der Übersetzerin.

Morus, Thomas: *Utopia*. Übers. v. Gerhard Ritter. Stuttgart: Philipp Reclam jun. 1964.

Owen, Robert: *Das Soziale System. Über ein neues Gesellschaftssystem. Über das Eigentum*. Übers. v. Michael Henselmann. Leipzig: Verlag Philipp Reclam jun. 1988.

Perkins Gilman, Charlotte: *Herland*. Übers. v. Sabine Wilhelm. Reinbek bei Hamburg: Rowohlt Taschenbuch Verlag 1980. © für die deutsche Übersetzung von Sabine Wilhelm: Rowohlt Taschenbuch Verlag GmbH Reinbek bei Hamburg 1980.

Rabelais, François: *Gargantua und Pantagruel*. Übers. v. Ferdinand Adolf Gelbcke. Leipzig: Dieterich'sche Verlagsbuchhandlung zu Leipzig [2]1972.

Swift, Jonathan: *Gullivers Reisen*. Übers. v. Franz Kottenkamp. München: edition b o. J.

Alle übrigen Zitate wurden von Amelie Thoma aus der französischen Ausgabe des vorliegenden Bandes oder aus den Originalwerken übersetzt.

Es konnten nicht alle Inhaber der Zitatrechte ausfindig gemacht werden. Berechtigten Forderungen kommt der Verlag selbstverständlich nach.

Gedruckt mit freundlicher Unterstützung der Abteilung Deutsche Kultur
der Autonomen Provinz Bozen – Südtirol

Die Originalausgabe ist 2017 unter dem Titel *Voyage en utopies* erschienen.
Copyright © éditions invenit, 2017

© der deutschsprachigen Ausgabe
Folio Verlag, Bozen – Wien 2018
Alle Rechte vorbehalten
Lektorat: Stefanie Beck
Konzept und Grafik für éditions invenit: Dominique Tourte, Élise Tourte, Christelle
Leveugle, Valérie Dussart
Grafische Anpassung: no.parking, Vicenza und Typoplus, Frangart
Druckvorstufe: Typoplus, Frangart
Printed in Europe
ISBN 978-3-85256-758-7
www.folioverlag.com

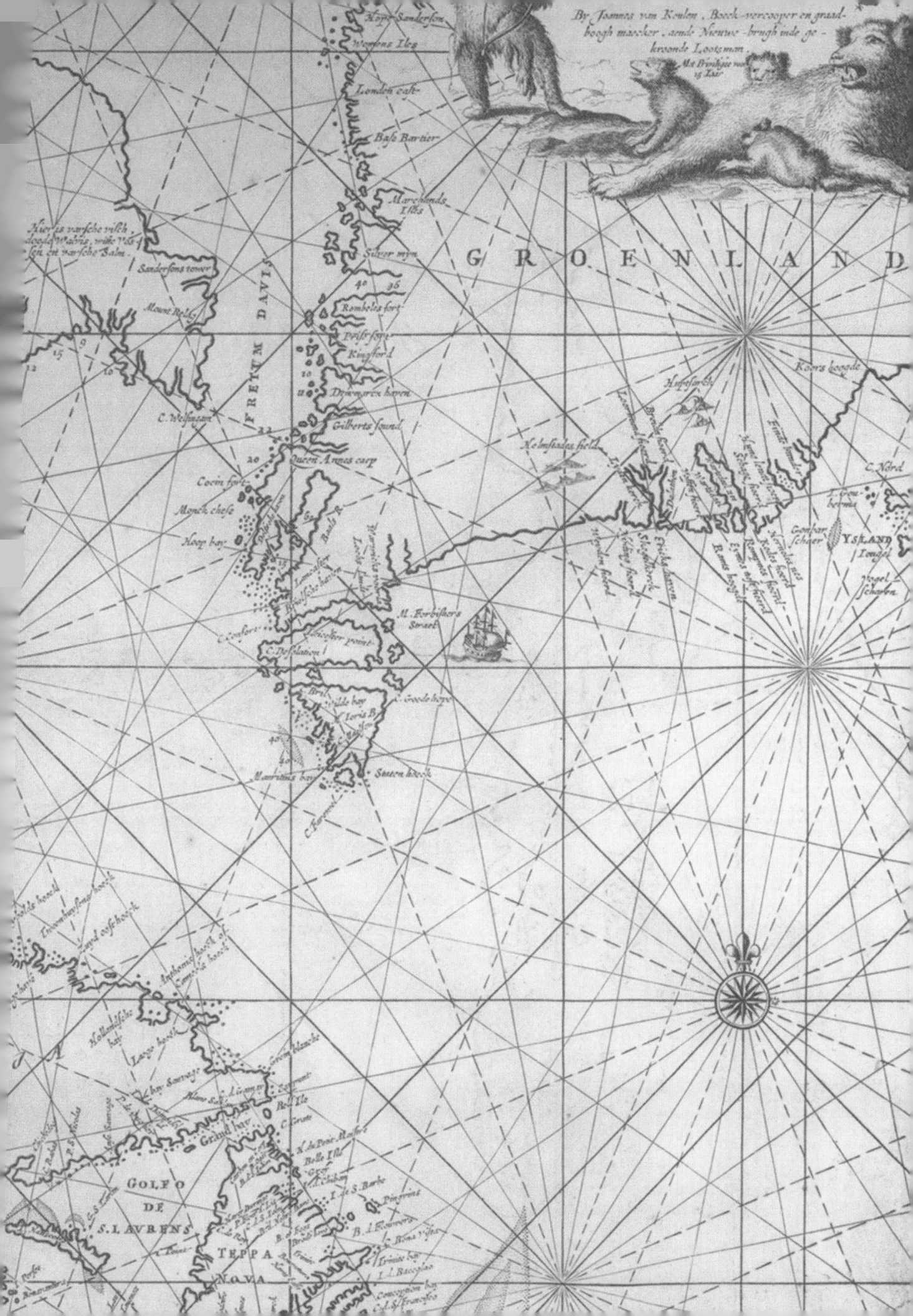